365 dias para viver com sabedoria

AUGUSTO CURY

365 dias para viver com sabedoria

COM MENSAGENS, AÇÕES E REALIZAÇÕES DIÁRIAS

gen | Benvirá

- Data do fechamento do livro: 22/10/2025.

Publicado pelo selo **Benvirá**
Uma editora integrante do GEN | Grupo Editorial Nacional
Travessa do Ouvidor, 11
Rio de Janeiro – RJ – 20040-040
www.grupogen.com.br

- **Atendimento ao cliente: (11) 5080-0751 | faleconosco@grupogen.com.br**

- Capa: Alline Bullara

- Diagramação: Negrito Produção Editorial

- **CIP-BRASIL. CATALOGAÇÃO NA PUBLICAÇÃO
SINDICATO NACIONAL DOS EDITORES DE LIVROS, RJ**

C988t
Cury, Augusto, 1958-
365 dias para viver com sabedoria / Augusto Cury. – [2. ed.]. – Rio de Janeiro : Benvirá, 2025.
23 cm.

ISBN 978-65-5810-346-2

1. Autorrealização (Psicologia). 2. Teoria do autoconhecimento. 3. Motivação (Psicologia).

CDD: 158.1
25-101015.1 CDU: 159.947

Meri Gleice Rodrigues de Souza – Bibliotecária – CRB-7/6439

Este livro é especialmente para você
que deseja sempre ser protagonista de sua história.
Boa leitura!

APRESENTAÇÃO

Esta obra é um convite para você viver um ano extraordinário.

Desejo que, ao longo destas páginas, a cada dia, você sonhe e realize, se cerque de boas relações, desacelere e assuma o controle da sua mente. Que cada reflexão ajude você a se apaixonar pela vida todos os dias.

Transforme pequenos momentos em grandes conquistas.

Obrigado por existir e por escolher este caminho de consciência e sabedoria.

Augusto Cury

JANEIRO

* * *

1º de janeiro

Um Novo Começo

“Trace metas, estabeleça prioridades e corra riscos para executar seus sonhos.”

Augusto Cury

Todo novo ano é como um caderno em branco esperando pelas histórias que você vai escrever. É nesse momento que revisamos nossas aspirações e organizamos nossos planos. Comece este primeiro dia acreditando que cada nova página é um convite para florescer.

PALAVRAS DO DIA

Planejamento • Aspirações

AÇÃO DO DIA

Reflita sobre o que você deseja viver neste ano e anote os principais sonhos e objetivos. Ao final do ano, revisite esta página e descubra quão longe a coragem e a disciplina levaram você.

Hoje a principal realização do meu dia será:

2 de janeiro

Proteger a Mente

"É você quem tem a chave para as portas da sua mente. Não abra caminhos para que pensamentos tóxicos façam morada nela."

Augusto Cury

A mente é como um jardim: florescem ideias onde há cuidado, e crescem ervas daninhas onde há descuido. Hoje, reflita sobre o que tem alimentado seus pensamentos.

PALAVRAS DO DIA

Consciência • Escolhas • Realização

AÇÃO DO DIA

Observe seus pensamentos por três minutos em silêncio. Anote o que mais apareceu e as reflexões que vão ajudar você neste dia.

Hoje a principal realização do meu dia será:

3 de janeiro

O Verdadeiro Encanto

"Apaixonar-se pela espécie humana é uma condição fundamental para ter alta qualidade de vida e sabedoria."

Augusto Cury

Amar a vida é escolher enxergar valor nas pessoas e nos encontros dos dias comuns. Exercite a curiosidade e a gentileza: um olhar atento pode transformar o ordinário em extraordinário.

PALAVRA DO DIA

Conexão

AÇÃO DO DIA

Pense nas suas três pessoas favoritas e escreva a seguir uma qualidade que admira em cada uma delas.

Hoje a principal realização do meu dia será:

4 de janeiro

Pausa para Refletir

"Devemos questionar os motivos das nossas reações para entender as causas da nossa ansiedade."

Augusto Cury

Antes de reagir, pergunte: "O que essa reação tenta proteger em mim?". Um pequeno respiro entre o impulso e a ação pode mudar o futuro de uma relação.

PALAVRAS DO DIA

Reflexão • Autocontrole

AÇÃO DO DIA

Traga à memória a última vez em que sentiu raiva ou teve uma discussão. Reflita sobre o sentimento e, em seguida, anote o que você poderia fazer diferente.

Hoje a principal realização do meu dia será:

5 de janeiro

Fazendo as Pazes com a Adversidade

"Viver sem problemas é impossível."

Augusto Cury

Problemas não são falhas da existência, mas parte dela. Em vez de fugir, aprenda a reconhecer neles oportunidades de fortalecimento.

PALAVRAS DO DIA

Crescimento • Compreensão

AÇÃO DO DIA

Analise uma situação que você viveu ou tem vivido e reflita sobre como pode crescer a partir do enfrentamento desse problema.

Hoje a principal realização do meu dia será:

6 de janeiro

O Poder do Simples

"Ser feliz é fazer da vida um espetáculo para si, mesmo sem palco."

Augusto Cury

Aplausos não definem a alegria, presença sim.
Celebre o comum: um café, um sorriso, um gesto de afeto.
Cada passo bem dado pode ser a estreia de um novo hoje.

PALAVRAS DO DIA

Simplicidade • Presença

AÇÃO DO DIA

Observe três pequenas coisas que fizeram você sorrir nas últimas 24 horas. Anote-as a seguir e reflita sobre como você pode compartilhar essas pequenas felicidades com outras pessoas.

Hoje a principal realização do meu dia será:

7 de janeiro

Agarrar a Motivação

"Os sonhos não determinam que tipo de árvore você será, mas dão forças para você entender que não há crescimento sem tempestades, períodos de dificuldade e incompreensão."

Augusto Cury

Crescer dói, mas fortalece os anéis da alma. Em vez de temer a tempestade, aprofunde raízes: mantenha seus objetivos, proteja seu ritmo e agarre-se às motivações.

PALAVRAS DO DIA

Resiliência • Coragem • Motivação

AÇÃO DO DIA

Visualize seu sonho e anote a seguir suas principais motivações para alcançá-lo. Tenha esses pontos em mente toda vez que pensar em desistir.

....

....

Hoje a principal realização do meu dia será: ....

....

....

8 de janeiro

Desenvolvimento Pessoal

"Não é fácil mudar, reorganizar ou transformar a personalidade, mas é possível."

Augusto Cury

Todos temos traços em nossa personalidade que podem ser melhorados. No entanto, é necessário ter disciplina e vontade para fazer isso acontecer.

PALAVRAS DO DIA

Disciplina • Constância

AÇÃO DO DIA

Escolha uma microação que poderia fazer para exercitar o seu melhor Eu. Honre cada tentativa como progresso.

Hoje a principal realização do meu dia será:

9 de janeiro

O Brilho da Vida

"Sem sonhos, a vida não tem brilho.
Sem metas, os sonhos não têm alicerces.
Sem prioridades, os sonhos não se tornam reais."

Augusto Cury

Sonhos dão sentido; metas dão forma; prioridades dão caminho. Defina um passo concreto e coloque seu sonho para caminhar.

PALAVRAS DO DIA

Objetivos • Escolhas

AÇÃO DO DIA

Reflita sobre todos os seus objetivos para o ano e os coloque em uma lista de prioridades. Assim, você poderá zelar por sua atenção e seu tempo, e terá maior chance de realizar seus sonhos.

Hoje a principal realização do meu dia será:

10 de janeiro

A Arte de Recomeçar

"Ser feliz é, acima de tudo, recomeçar tantas vezes quantas forem necessárias."

Augusto Cury

A vida não exige perfeição, mas coragem para tentar novamente. A cada novo começo você terá mais sabedoria e poderá chegar ainda mais longe.

PALAVRAS DO DIA

Resiliência • Autodesenvolvimento

AÇÃO DO DIA

Pense sobre o que gostaria de aprender para que sua vida seja mais plena. Anote aqui a primeira ideia que tiver. Ela pode ser a resposta que você busca para iniciar uma nova fase excepcional em sua vida.

....

....

....

Hoje a principal realização do meu dia será: ....

....

....

....

11 de janeiro

Ousadia

"Criar oportunidades é depender de si.
Esperar que apareçam é depender dos outros."

Augusto Cury

Esperar não transforma nada, agir sim. A ousadia de arriscar pode ser a diferença entre o sucesso e a decepção. Crie sua própria porta em vez de aguardar que alguém abra uma para você.

PALAVRA DO DIA

Coragem

AÇÃO DO DIA

Reflita sobre qual porta você gostaria de abrir para si. A chave está ao alcance de suas mãos. Anote as ações você realizará para abrir essa porta.

....

....

....

....

Hoje a principal realização do meu dia será: ....

....

....

....

12 de janeiro

Força Interior

"Quem decifra o código da superação das intempéries da existência, ainda que perca a vitalidade física, preservará a psíquica."

Augusto Cury

O corpo pode se cansar, mas uma mente fortalecida é capaz de nos sustentar até o fim da vida. Fortaleça, a cada dia, o seu Eu interior. É o maior investimento que você pode fazer por si.

PALAVRAS DO DIA

Autocuidado • Saúde psíquica

AÇÃO DO DIA

Reconheça três hábitos simples que você pode cultivar para fortalecer sua mente. Você já os está praticando?

....

....

....

Hoje a principal realização do meu dia será: ....

....

....

....

13 de janeiro

Enxergar o Outro

"A capacidade de se colocar no lugar do outro é uma das funções mais importantes da inteligência."

Augusto Cury

Ter inteligência é muito mais que raciocinar, saber realizar cálculos ou elaborar argumentos. Ao praticar a empatia, sua mente realiza sua função mais brilhante: aprender mais sobre o mundo, sobre o outro e sobre si mesmo.

PALAVRA DO DIA

Empatia

AÇÃO DO DIA

Escolha uma pessoa próxima e se imagine no lugar dela. Qual é a sua trajetória de vida? O que ela faz todos os dias? Por quais dificuldades passa? O que a faz feliz? Anote suas reflexões e reflita: como você poderia contribuir para suas alegrias e realizações?

Hoje a principal realização do meu dia será:

14 de janeiro

Propósito

"Todos deveríamos, em algum momento da existência, questionar nossas vidas e analisar pelo que estamos lutando."

Augusto Cury

Viver sem refletir é apenas existir. É importante parar, olhar para o que nos move e analisar se o que defendemos faz sentido para a vida que desejamos construir.

PALAVRAS DO DIA

Motivação • Reflexão

AÇÃO DO DIA

Reflita sobre o que move a sua vida. Escreva a seguir três motivos para continuar lutando por isso. Se for difícil identificar os motivos, ou eles forem frágeis, pode ser um sinal para pensar em alterar a rota.

Hoje a principal realização do meu dia será:

15 de janeiro

Autocuidado

"Os fracos se vingam, os fortes se protegem."

Augusto Cury

A verdadeira força não está em ferir, mas em se preservar. Proteger-se é um ato de maturidade e amor próprio.

PALAVRAS DO DIA

Consciência • Sabedoria

AÇÃO DO DIA

Reflita sobre uma situação em que você poderia ter escolhido se proteger em vez de revidar. Escreva como teria agido diferente e o que mudaria no desfecho da situação. Como você agirá da próxima vez?

Hoje a principal realização do meu dia será:

16 de janeiro

Viver com Leveza

"Você não precisa ter todas as respostas, controlar cada passo ou acertar sempre."

Augusto Cury

A vida não é um exame a ser gabaritado. Permita-se errar, ajustar e aprender no caminho, sem a obrigação de dominar tudo.

PALAVRAS DO DIA

Entrega • Coragem

AÇÃO DO DIA

Anote uma ação que você gostaria de tentar caso o medo do fracasso não fosse um impeditivo. Em seguida, desafie-se a praticá-la. Você verá que não há motivo para tanto medo. Realize!

Hoje a principal realização do meu dia será:

17 de janeiro

Vale a Pena

"Ser feliz é reconhecer que vale a pena viver, apesar de todos os desafios, incompreensões e períodos de crise."

Augusto Cury

A vida nunca será livre de dificuldades, mas cada batalha vencida prova que vale a pena continuar. Reconheça sua força diante do que já superou, e a felicidade será sua recompensa.

PALAVRAS DO DIA

Força interior • Crescimento pessoal

AÇÃO DO DIA

Pense nas suas últimas conquistas. Escreva a seguir de que forma elas aumentaram sua força e fizeram de você uma pessoa melhor. Quando tomamos consciência do nosso crescimento, é fácil notar como a vida é bela.

....

....

....

Hoje a principal realização do meu dia será: ....

....

....

18 de janeiro

Presente

"O presente é um presente. Não o desperdice com saudades do passado ou ansiedade pelo futuro."

Augusto Cury

Viver é um ato de presença. Quando sua mente corre para ontem ou para amanhã, o hoje escapa; e é nele que a vida realmente acontece.

PALAVRA DO DIA

Presença

AÇÃO DO DIA

Feche os olhos, respire fundo lentamente e escute o que está acontecendo ao seu redor, em um momento de atenção plena. Anote o que ouviu e como esses ruídos fizeram você se sentir.

Hoje a principal realização do meu dia será:

19 de janeiro

Jardim de Inverno

"A felicidade sustentável não pertence aos que não se estressam, mas aos que transformam seus invernos em primaveras."

Augusto Cury

A ausência de problemas é uma realidade impossível, e quem busca por ela só se frustrará. A virtude está em conseguir tirar lições até mesmo de situações que pareçam ruins. Escolha olhar para seus invernos como o terreno onde serão semeados seus futuros jardins.

PALAVRAS DO DIA

Superação • Aprendizado

AÇÃO DO DIA

Pense em uma dificuldade que tem vivido. Que aprendizado você pode tirar dessa situação?

....

....

....

Hoje a principal realização do meu dia será: ....

....

....

20 de janeiro

Entregar Amor

"Aprenda a amar sem esperar muito dos outros."

Augusto Cury

O amor mais leve é o que não cobra retorno. Ofereça afeto como um presente, não como moeda de troca.

PALAVRAS DO DIA

Entrega • Empatia

AÇÃO DO DIA

Escolha hoje uma pessoa para presentear com amor. Escreva a seguir o que você pode fazer por ela sem exigir nada em troca. Você verá que o presente também será seu.

Hoje a principal realização do meu dia será:

21 de janeiro

O Peso das Palavras

"Podemos ferir as pessoas que mais merecem ser abraçadas e amadas."

Augusto Cury

Muitas vezes a pressa ou a irritação machucam justamente quem mais importa. Tome cuidado com suas palavras e gestos, pois podem causar danos profundos.

PALAVRAS DO DIA

Empatia • Cuidado

AÇÃO DO DIA

Lembre-se de uma ocasião em que falou ou agiu de forma brusca com alguém querido. Escreva como poderia ter se expressado com mais calma e respeito. Perdoe-se – e peça perdão.

Hoje a principal realização do meu dia será:

22 de janeiro

Sonhar Grande

"Se seus sonhos são pequenos, sua visão será pequena, suas metas serão limitadas, seus alvos serão diminutos, sua estrada será estreita e sua capacidade de suportar as tormentas será frágil."

Augusto Cury

A dimensão do seu sonho molda a sua coragem.
Permita-se sonhar grande para que seus caminhos
sejam fortes e resistentes às tempestades da vida.

PALAVRAS DO DIA

Ousadia • Imaginação

AÇÃO DO DIA

Escreva um sonho grande e, em seguida, anote três razões pelas quais ele vale a pena, mesmo que pareça distante, desafiador ou impossível.

Hoje a principal realização do meu dia será:

23 de janeiro

Descansar a Mente

"A era das trevas emocionais, ou do esgotamento cerebral, tem muitas causas. Uma delas é o excesso de informação."

Augusto Cury

Escapar do excesso de estímulos parece difícil, mas é possível. A sobrecarga de informações pode apagar a luz da clareza. Cansar a mente. Mas ao filtrar o que consome, você oferece à sua mente espaço para respirar.

PALAVRAS DO DIA

Consciência • Pausa

AÇÃO DO DIA

Identifique os conteúdos que mais consome e quanto tempo gasta diante das telas. Planeje ações para reduzir esse tempo.

....

....

....

Hoje a principal realização do meu dia será: ....

....

....

24 de janeiro

Agradecer

"A gratidão transforma o que temos em suficiente e o que somos em abundância."

Augusto Cury

Ser grato é enxergar riqueza onde outros veem escassez. Em sua rotina, certamente, você convive com pequenas e grandes coisas que tornam sua vida extraordinária.

PALAVRA DO DIA

Gratidão

AÇÃO DO DIA

Anote cinco coisas na sua vida pelas quais sente imensa gratidão.

Hoje a principal realização do meu dia será:

25 de janeiro

Aprender com Humildade

"Na escola da vida, o melhor aluno não é quem que tem consciência do quanto sabe, mas aquele que reconhece o quanto não sabe."

Augusto Cury

A sabedoria nasce da humildade de admitir os próprios limites. Quanto mais reconhecemos o que não sabemos, mais espaço abrimos para aprender.

PALAVRAS DO DIA

Aprendizado • Sabedoria

AÇÃO DO DIA

Pense em um tema ou uma habilidade que você ainda não domina, mas gostaria de aprender. Escreva por que esse aprendizado é importante para você e qual seria o primeiro passo para começar.

Hoje a principal realização do meu dia será:

26 de janeiro

A Importância do Perdão

"Se não perdoar seu inimigo, ele dormirá com você e perturbará seu sono."

Augusto Cury

Guardar rancor é oferecer ao outro um lugar em seu descanso. Oferecer perdão é recuperar espaço para sua própria paz.

PALAVRA DO DIA

Perdão

AÇÃO DO DIA

Faça uma lista de pessoas ou situações que causaram incômodo. Feche os olhos e escolha libertá-las – e se libertar – neste momento.

Hoje a principal realização do meu dia será:

27 de janeiro

Ciclos da Vida

"A vida é cíclica. Quem hoje é aplaudido amanhã poderá ser vaiado. Quem hoje é humilhado amanhã poderá ser exaltado."

Augusto Cury

Nada permanece para sempre. Honre suas vitórias sem soberba e suporte as quedas sem desespero, pois tudo muda. A vida é feita de transformação.

PALAVRAS DO DIA

Humildade • Resiliência

AÇÃO DO DIA

Reflita sobre um momento em que você esteve no alto e outro em que esteve em baixa. Escreva o que cada fase ensinou e como essas lições podem ajudar a enfrentar o próximo ciclo.

....

....

....

Hoje a principal realização do meu dia será: ....

....

....

28 de janeiro

Nunca Discrimine

"Uma discriminação sofrida pode encarcerar uma vida."

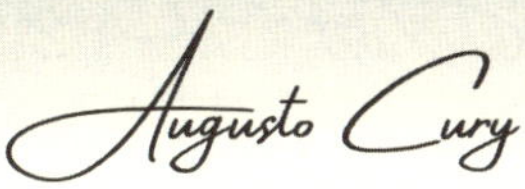

As palavras e os gestos de exclusão marcam fundo. Escolha sempre ser uma presença que liberta, não uma prisão que fere com palavras e atos.

PALAVRAS DO DIA

Respeito • Empatia • Inclusão

AÇÃO DO DIA

Recorde uma situação em que você presenciou ou praticou alguma discriminação. Todos merecem acolhimento e empatia. O que você faria diferente se pudesse voltar?

Hoje a principal realização do meu dia será:

29 de janeiro

Flexibilidade

"Pensamentos rígidos criam vidas pesadas."

Augusto Cury

Ser inflexível é carregar peso desnecessário. Praticar a abertura mental é como abrir janelas num quarto escuro: tudo respira melhor.

PALAVRAS DO DIA

Abertura • Leveza • Adaptação

AÇÃO DO DIA

Reflita sobre uma crença ou ideia que você tem defendido de forma inflexível. Escreva como poderia olhá-la de outro ângulo e o que mudaria se desse espaço para novas perspectivas.

Hoje a principal realização do meu dia será:

30 de janeiro

ABRIR-SE PARA O IMPREVISÍVEL

"A vida contém capítulos imprevisíveis e inevitáveis."

Augusto Cury

Apesar de fazermos planos, é impossível ter certeza do que nos espera no futuro. Aceitar o imprevisível é parte da beleza da vida.

PALAVRA DO DIA

ACEITAÇÃO • MUDANÇAS

AÇÃO DO DIA

Em sua vida, certamente acontecimentos sem aviso já interferiram em seus planos. Escreva o que aprendeu com essas experiências.

Hoje a principal realização do meu dia será:

31 de janeiro

Sustentação

"Desejos não resistem ao calor das perdas, mas sonhos criam raízes nas dificuldades."

Augusto Cury

O desejo é passageiro, mas o sonho é a base que nos sustenta. Nos dias difíceis, é o sonho que mantém você de pé, mesmo quando tudo parece desmoronar.

PALAVRAS DO DIA

Perseverança • Motivação • Superação

AÇÃO DO DIA

Escreva um sonho que sobreviveu a momentos difíceis da sua vida. Anote de que forma ele lhe deu força para seguir adiante.

Hoje a principal realização do meu dia será:

FEVEREIRO

* * *

1º de fevereiro

Bússola Interior

"O Eu é a nossa capacidade de analisar as situações, duvidar, criticar, fazer escolhas, exercer o livre-arbítrio, corrigir rotas, estabelecer metas e administrar o psiquismo."

Augusto Cury

Dentro de você existe um centro de comando capaz de guiar cada passo. É essa bússola interior que questiona, corrige e redefine rotas sempre que necessário. Confie em seu poder de escolha.

PALAVRAS DO DIA

Autonomia • Consciência • Realização

AÇÃO DO DIA

Reflita sobre uma decisão importante que já mudou seu caminho. Escreva como o seu Eu ajudou (ou poderia ter ajudado) a guiar essa escolha.

....

....

Hoje a principal realização do meu dia será: ....

....

....

2 de fevereiro

DAR A OUTRA FACE

"Dar a outra face é procurar fazer o bem para quem nos decepciona, é ter elegância para elogiar quem nos difama, altruísmo para ser gentil com quem nos aborrece."

Augusto Cury

Quando alguém nos fere, nosso instinto pode ser revidar. Ao revidar, ferimos a nós mesmos. Aprofundamos nossa dor. Sofremos. Mas ao retribuir a agressão com gentileza, podemos encontrar a cura para o aborrecimento.

PALAVRA DO DIA

PERDÃO

AÇÃO DO DIA

Escreva uma carta de compreensão e perdão direcionada à pessoa ou situação que lhe magoou. Como seria responder com generosidade e compreensão, em vez de frustração ou vingança?

....

....

Hoje a principal realização do meu dia será: ....

....

3 de fevereiro

Somos Múltiplos

"O poeta e o tosco, o altruísta e o individualista, o tolerante e o impaciente coexistem na mesma mente. Habitam na minha e na sua personalidade."

Augusto Cury

Somos feitos de contrastes. Dentro de cada um convivem extremos que, em vez de nos definirem, nos completam. Aceite sua diversidade interna como parte da riqueza de ser humano.

PALAVRAS DO DIA

Diversidade • Equilíbrio

AÇÃO DO DIA

Reflita sobre dois lados opostos da sua personalidade. Escreva como esses contrastes já se equilibraram em uma decisão ou situação importante da sua vida.

Hoje a principal realização do meu dia será:

4 de fevereiro

Liderar a Mente

"Uma pessoa pode ser líder do mundo em que está inserida e ainda assim não ser líder do próprio mundo psicológico."

Augusto Cury

Comandar a própria mente é uma tarefa difícil. Por fora, muitos parecem ter domínio completo, mas em seu interior ainda é necessário muito trabalho. Controlar a própria mente é a maior de todas as vitórias.

PALAVRAS DO DIA

Consciência • Autodomínio

AÇÃO DO DIA

Já houve situações em que você aparentava estar no controle, mas lutava internamente com inseguranças ou emoções? Como seu mundo interior poderia ter sido mais bem cuidado naquele momento?

....

....

....

Hoje a principal realização do meu dia será: ....

....

....

5 de fevereiro

As Duas Faces da Sabedoria

"Os sábios têm humildade no sucesso e aprendem lições nos fracassos."

Augusto Cury

A verdadeira sabedoria está em entender que cada experiência pode nos lapidar. Celebre as vitórias sem soberba, pois sempre terá muito o que aprender. Utilize as derrotas como oportunidades de crescimento.

PALAVRAS DO DIA

Humildade • Aprendizado

AÇÃO DO DIA

Recorde uma vitória e um fracasso da sua trajetória. Escreva uma lição que cada um deixou e como essas experiências moldaram quem você é hoje.

Hoje a principal realização do meu dia será:

6 de fevereiro

Capítulos Difíceis

"Aprenda a escrever os capítulos mais importantes de sua história nos momentos mais difíceis de sua vida."

Augusto Cury

Nossos dias mais desafiadores são convites da vida para escrevermos páginas memoráveis de nossas histórias. A coragem só nasce quando enfrentamos os obstáculos. Escolha diariamente transformar suas dores nas bases para a superação.

PALAVRAS DO DIA

Superação • Resiliência

AÇÃO DO DIA

Escreva uma história de superação que você viveu.

Hoje a principal realização do meu dia será:

7 de fevereiro

Controlando o Sentir

"Às vezes sentimos o que não queremos sentir ou nos perturbamos com angústias e medos infundados."

Augusto Cury

Controlar os sentimentos é uma tarefa difícil, mas necessária. Questione, sempre, o que o assombra. A mente, por vezes, fabrica tempestades sem que haja nuvens no céu.

PALAVRAS DO DIA

Ansiedade • Consciência

AÇÃO DO DIA

Reconheça um medo recente que, no fundo, não tinha fundamento. Como agir diferente da próxima vez?

....

....

....

....

Hoje a principal realização do meu dia será: ....

....

....

....

8 de fevereiro

Construção

"Não há seres humanos acabados. Estamos todos em construção."

Augusto Cury

A beleza da vida está em sermos obras inacabadas.
A cada dia, um tijolo novo é colocado em nossa história.
Permita-se crescer sem pressa, e tenha em mente que
todos ao seu redor também estão fazendo o mesmo.

PALAVRAS DO DIA

Paciência • Evolução • Empatia

AÇÃO DO DIA

Em qual aspecto você gostaria de melhorar? Escreva o primeiro passo que você pode dar hoje em direção a esse destino.

....

....

....

Hoje a principal realização do meu dia será: ....

....

....

....

9 de fevereiro

Inteligência e Autoridade

"A verdadeira autoridade não vem da força,
mas da inteligência."

Augusto Cury

Força imposta gera medo, mas a inteligência aplicada conquista respeito. A liderança mais duradoura nasce da sabedoria e da capacidade de guiar com clareza.

PALAVRAS DO DIA

Liderança • Sabedoria

AÇÃO DO DIA

Pense em uma pessoa que você admira pela forma como exerce autoridade. Como você pode aplicar esses traços de liderança em sua própria vida?

Hoje a principal realização do meu dia será:

10 de fevereiro

Viajar para Dentro

"Para sonhar basta ser um viajante no mundo das ideias e percorrer as avenidas do seu ser."

Augusto Cury

Em sua mente, há um mundo sem fronteiras. Mergulhar dentro dele não só renova a fé e reforça as motivações, como também revela as incríveis paisagens escondidas do seu Eu.

PALAVRAS DO DIA

Sonhos • Autoconhecimento

AÇÃO DO DIA

Qual sonho você gostaria de explorar mais profundamente? Como esse sonho se conecta ao que você já sabe sobre si mesmo?

....

....

....

Hoje a principal realização do meu dia será: ....

....

....

....

....

11 de fevereiro

Cuidando da Mente

"Quem é exigente com a qualidade dos produtos que consome, mas não com a qualidade dos pensamentos que produz, trai sua saúde psíquica."

Augusto Cury

Assim como escolhemos o alimento que levamos à mesa, precisamos escolher com cuidado os pensamentos que alimentam nossa mente. Cuide daquilo que deixa entrar em seu mundo interior: ideias saudáveis florescem em um coração em paz.

PALAVRAS DO DIA

Pensamento • Preservação • Consumo

AÇÃO DO DIA

Observe seus pensamentos por três minutos em silêncio.
Anote o que apareceu e as reflexões que vão ajudar você neste dia.

....

....

....

Hoje a principal realização do meu dia será: ....

....

....

12 de fevereiro

Treinamento Antiestresse

"É preciso treinamento diário para mudar um estilo de vida estressante."

Augusto Cury

Neste mundo frenético, muitos de nós sucumbimos ao caos, enquanto nosso corpo pede paz. Mas o estresse não desaparece de uma vez. Ele se dissolve pouco a pouco, na prática diária de novos hábitos. Cada escolha que acalma é um treino rumo ao equilíbrio.

PALAVRAS DO DIA

Paz interior • Hábitos

AÇÃO DO DIA

Feche os olhos e pense sobre hábitos que lhe causam estresse. De que forma você pode mudá-los ou eliminá-los por completo em busca da sua paz interior? Qual o primeiro passo?

....

....

....

Hoje a principal realização do meu dia será: ....

....

....

13 de fevereiro

Lutar Contra o Caos

"Quem se deixa perder no caos permite ser moldado por ele."

Augusto Cury

Momentos de dificuldade sempre tentam nos dominar e paralisar. É necessário seguir lutando para chegar ao outro lado do túnel. Caso contrário, o caos penetrará sua mente e seu corpo.

PALAVRA DO DIA

Resiliência

AÇÃO DO DIA

Você já viveu um período de caos? Escreva como conseguiu atravessá-lo e o que aprendeu sobre si nesse processo.

Hoje a principal realização do meu dia será:

14 de fevereiro

Amizade Verdadeira

*"Não há relação mais nobre do que a amizade.
Os amigos se mesclam, têm confiança mútua,
desfrutam prazeres juntos, segredam coisas íntimas,
torcem uns pelos outros."*

Augusto Cury

A amizade verdadeira não pede perfeição, apenas presença. Ela é feita de cumplicidade, apoio e alegria compartilhada. Valorize seus amigos.

PALAVRAS DO DIA

Conexão • Comunidade

AÇÃO DO DIA

Cultive a amizade hoje. Telefone, escreva ou encontre alguém especial. Ofereça presença. Ouça com atenção. Elogie as qualidades. Reconheça a importância. Agradeça por existir. Homenageie a amizade.

Hoje a principal realização do meu dia será:

15 de fevereiro

Tudo Muda

"Aceitar a impermanência é abrir espaço para viver com mais leveza."

Augusto Cury

Mesmo quando achamos que temos o controle, é impossível impedir as mudanças. Elas acontecem, chegam sem pedir licença e alteram o mundo que conhecemos. Aceitar essas transformações abre caminhos para o novo dentro de nós.

PALAVRAS DO DIA

Fluidez • Aceitação

AÇÃO DO DIA

Há alguma mudança recente em sua vida que você ainda não aceitou por completo? O que você pode fazer para melhorar sua relação com esse acontecimento?

Hoje a principal realização do meu dia será:

16 de fevereiro

Valor

"Muitos compram o ingresso da festa, mas não a alegria. Compram o seguro de vida, mas não a tranquilidade. Compram a cama, mas não o descanso."

Augusto Cury

Há coisas que o dinheiro jamais poderá entregar.
Alegria, descanso e paz são frutos da alma, impossíveis de adquirir.
Cultive o que realmente preenche sua existência.

PALAVRAS DO DIA

Essência • Valor

AÇÃO DO DIA

Feche os olhos e analise seu interior. Quais são as coisas que têm valor para você e que o dinheiro não pode comprar?

Hoje a principal realização do meu dia será:

17 de fevereiro

Fome Interior

"Alguns têm fortunas, mas mendigam o pão da alegria;
têm cultura, mas falta-lhes o pão da tranquilidade;
têm fama, mas falta-lhes o alimento da companhia,
vivem sós, sem ter sequer um ombro para chorar."

Augusto Cury

Riquezas externas não preenchem os vazios interiores. A verdadeira abundância está no afeto, na calma e nos vínculos que sustentam a vida.

PALAVRA DO DIA

Autodesenvolvimento

AÇÃO DO DIA

Reflita sobre o seu Eu interior. Do que ele tem fome?
Que pequena ação alimentará sua alma no dia de hoje?

Hoje a principal realização do meu dia será:

18 de fevereiro

Criar no Caos

"O caos pode ser uma fonte de oportunidades criativas."

Augusto Cury

Em meio à aparente desordem, despontam chances de criar algo novo. O caos é terreno fértil para mudar, inovar, renovar, basta saber utilizá-lo da forma certa.

PALAVRAS DO DIA

Criatividade • Oportunidade

AÇÃO DO DIA

Escolha um novo hábito, um passo para a mudança ou nova forma de realizar algo em sua vida. Comece hoje.

Hoje a principal realização do meu dia será:

19 de fevereiro

As Voltas do Tempo

*"O tempo pode aproximar os que se odeiam
e distanciar os que se amam."*

Augusto Cury

O tempo cura, revela e transforma relações. Ele pode apagar rancores e, ao mesmo tempo, testar a profundidade dos laços que julgávamos eternos.

PALAVRAS DO DIA

Relacionamentos • Transformação

AÇÃO DO DIA

Reflita sobre uma relação mudada pelo tempo, para melhor ou para pior. O que você aprendeu com essa transformação?

Hoje a principal realização do meu dia será:

20 de fevereiro

Abrindo os Olhos

“Todos fecham seus olhos quando morrem,
mas nem todos enxergam quando estão vivos.”

Augusto Cury

Estar vivo não é apenas respirar: é enxergar o presente com clareza. Muitos passam pela vida como espectadores distraídos, sem realmente vivê-la. Escolha abrir os olhos da alma.

PALAVRA DO DIA

Consciência

AÇÃO DO DIA

Escolha um momento do seu dia para viver com atenção plena. Depois, escreva o que sentiu com a experiência.

....

....

....

....

Hoje a principal realização do meu dia será: ....

....

....

....

21 de fevereiro

Maturidadade

"Só uma pessoa verdadeiramente madura reconhece suas fragilidades e assume seus erros."

Augusto Cury

Maturidade não se mede pelo tempo vivido, mas pela capacidade de admitir fragilidades e identificar o que realmente importa. Reconhecer erros é ato de força, não de fraqueza.

PALAVRAS DO DIA

Autodesenvolvimento • Humildade • Sabedoria

AÇÃO DO DIA

Reflita sobre o último erro que você cometeu. No momento, você pediu perdão e corrigiu a rota ou apenas fingiu que não era nada? Como você pode lidar melhor com o próximo erro?

Hoje a principal realização do meu dia será:

22 de fevereiro

Recomeçar

"Quando você errar o caminho, recomece."

Augusto Cury

Errar faz parte da jornada. O importante é não se deixar perder no erro. Tenha coragem de tentar de novo, quantas vezes forem necessárias. Cada recomeço é uma chance de se aproximar mais daquilo que você busca.

PALAVRAS DO DIA

Perseverança • Coragem

AÇÃO DO DIA

Pense em um momento em que você precisou recomeçar algo na vida. Escreva o que esse recomeço trouxe de novo para sua caminhada.

Hoje a principal realização do meu dia será:

23 de fevereiro

A Forja da Vida

"Tempos difíceis formam seres humanos fortes."

Augusto Cury

As maiores virtudes não nascem nos dias fáceis, mas nos períodos de luta. Cada desafio que enfrentamos molda nossa força e amplia nossa resistência. É na dificuldade que descobrimos do que somos capazes.

PALAVRAS DO DIA

Resiliência • Superação

AÇÃO DO DIA

Lembre-se de um período difícil pelo qual passou. Escreva como essa experiência ajudou a moldar sua coragem ou resiliência.

Hoje a principal realização do meu dia será:

24 de fevereiro

Nutrição da Mente

"Nessa sociedade urgente, somos péssimos em selecionar o cardápio da nossa mente. Engolimos tudo e rapidamente, sem digerir."

Augusto Cury

Assim como o corpo precisa de alimentos saudáveis, a mente precisa de ideias nutritivas. Selecione com cuidado o que consome e aprenda a digerir com calma o que absorve.

PALAVRAS DO DIA

Consciência • Saúde psíquica

AÇÃO DO DIA

Aproveite o dia para refletir de que forma você poderia selecionar melhor o conteúdo que consome.

....

....

....

Hoje a principal realização do meu dia será: ....

....

....

....

25 de fevereiro

A Certeza é uma Prisão

"Quem crê que os seus pensamentos são verdades absolutas está preparado para ser deus, não um ser humano."

Augusto Cury

Somos todos passíveis de enganos, pois cada pensamento que temos é apenas uma interpretação da realidade. Seja sempre humilde e aberto ao diálogo. Não há vergonha alguma em mudar de opinião.

PALAVRA DO DIA

Humildade

AÇÃO DO DIA

Lembre-se de uma opinião que você defendia como absoluta e que depois mudou. Escreva o que essa mudança lhe ensinou.

....

....

....

Hoje a principal realização do meu dia será: ....

....

....

....

26 de fevereiro

RENOVAR PARA SONHAR

"Uma pessoa sábia está sempre reciclando os maus pensamentos e se reconciliando com seus sonhos."

Augusto Cury

Não guarde em sua mente aquilo que pesa. Ressignifique cada sentimento ruim, transformando-o em algo novo. Assim, abrirá espaço para manter vivos os sonhos que movem a vida.

PALAVRAS DO DIA

SABEDORIA • TRANSFORMAÇÃO

AÇÃO DO DIA

Identifique um pensamento negativo que tem se repetido em sua mente. De que forma você poderia transformá-lo em algo construtivo?

Hoje a principal realização do meu dia será:

27 de fevereiro

Autopiedade

"Ter dó de si mesmo é uma armadilha mental que aprisiona o Eu."

Augusto Cury

Coisas ruins acontecem com todos. A diferença está em como reagimos: encolher-se diante da dor é adentrar mais o poço dos infortúnios. Enfrentar a dor é o primeiro degrau para sair dele.

PALAVRAS DO DIA

Consciência • Armadilha mental

AÇÃO DO DIA

Reflita sobre um momento em que você sentiu pena de si mesmo. Como poderia ter transformado esse sentimento em atitude para seguir em frente?

Hoje a principal realização do meu dia será:

28 de fevereiro

Seja Flexível

"Ser flexível é permitir que a vida surpreenda sem que isso destrua sua paz."

Augusto Cury

A vida é imprevisível. Diante do inesperado, tudo o que é rígido se quebra, enquanto o que é flexível se adapta. Se você está aberto para as surpresas da vida, preservará sua paz mesmo em meio ao caos.

PALAVRAS DO DIA

Adaptação • Serenidade

AÇÃO DO DIA

Qual foi a última situação inesperada que abalou seus planos? Como você acha que a flexibilidade poderia ter ajudado a preservar sua paz?

Hoje a principal realização do meu dia será:

MARÇO

***

1º de março

Virar a Página

"O seu passado pode explicar seu presente, mas não deveria explicar seu futuro."

Augusto Cury

O passado ajuda a entender quem somos, mas não precisa aprisionar quem seremos. Cada dia é uma nova chance de escrever uma história diferente. O futuro começa na coragem de virar a página e arriscar novos capítulos.

PALAVRAS DO DIA

Libertação • Recomeço

AÇÃO DO DIA

Qual capítulo de sua vida você deseja deixar para trás? De que forma você poderia libertar-se dele para abrir espaço para algo novo?

Hoje a principal realização do meu dia será:

2 de março

Prisões Internas

"Somos vítimas e vilões de nós mesmos."

Augusto Cury

É dentro da nossa mente que são travadas as batalhas mais cruéis. Erguemos prisões invisíveis que parecem impossíveis de escapar. Mas é preciso lembrar: quem trancou a porta também tem a chave. Só você pode se libertar das amarras que criou.

PALAVRAS DO DIA

Responsabilidade • Autoconhecimento

AÇÃO DO DIA

Olhe para dentro e identifique uma "prisão" que você criou para si mesmo. Qual seria a chave para começar a se libertar dela?

Hoje a principal realização do meu dia será:

3 de março

A Beleza da Vida

"Ao olhar além da cortina de nossas dificuldades, certamente nos encantamos com a vida."

Augusto Cury

As dificuldades podem turvar a visão, mas atrás delas a vida continua cheia de beleza. Em tempos difíceis, procure sempre abrir as cortinas e olhar para fora. Você verá como o mundo é maravilhoso, apesar de tudo.

PALAVRAS DO DIA

Esperança • Perspectiva

AÇÃO DO DIA

Neste momento, procure afastar as cortinas das dificuldades e encarar as preciosidades que a vida tem a oferecer. Escreva a seguir ao menos uma coisa que lhe trouxe encantamento pela vida hoje.

Hoje a principal realização do meu dia será:

4 de março

Cuidado Mental

"O risco de adoecer é grave quando deixamos nossa mente solta de maneira irresponsável."

Augusto Cury

Assim como o corpo, a mente precisa de cuidado diário. Sem atenção, ela se perde em excessos e medos. Cultivar bons pensamentos é também um ato de saúde.

PALAVRA DO DIA

Consciência

AÇÃO DO DIA

Anote um hábito simples que pode se tornar parte do seu cuidado diário com a mente.

....

....

....

....

Hoje a principal realização do meu dia será: ....

....

....

....

5 de março

Desbravar o Interior

"Alguns escalam íngremes montanhas, mas se intimidam diante do cume das suas frustrações. Outros navegam na voragem do mar, mas afundam aos primeiros vagalhões de suas angústias. Tornaram-se grandes aventureiros no mundo físico, mas frágeis caminhantes no mundo psíquico."

Augusto Cury

Podemos conquistar montanhas e mares lá fora, mas o maior desafio é atravessar nosso mundo interno. Ser corajoso também é aprender a caminhar dentro de si.

PALAVRAS DO DIA

Autoconhecimento • Coragem

AÇÃO DO DIA

De que forma você pode fortalecer seu Eu interior e conhecer mais sobre si mesmo? Pense em uma atitude que pode tomar hoje em direção a esse destino.

....

Hoje a principal realização do meu dia será: ....

....

6 de março

Coração de Criança

"Devemos pensar como adultos e sentir como crianças. Quem inverte esses valores nunca atinge a maturidade."

Augusto Cury

A maturidade está no equilíbrio: raciocínio claro de adulto e coração aberto de criança. Celebrar o dia com leveza, sonhos e alegria infantil não nos tira a seriedade, mas nos devolve a humanidade.

PALAVRA DO DIA

Equilíbrio

AÇÃO DO DIA

Qual é uma ação que você pode fazer hoje para deixar o dia mais leve? O que seu coração de criança está pedindo de você?

Hoje a principal realização do meu dia será:

7 de março

Respirar Coragem

"A inteligência sempre precisou do oxigênio da audácia para respirar."

Augusto Cury

O pensamento só floresce quando ousamos. Sem audácia, a inteligência é sufocada pelo medo e a incerteza. Hoje, permita que sua mente respire o ar fresco da coragem.

PALAVRAS DO DIA

Coragem • Inspiração

AÇÃO DO DIA

Respire fundo e diga para si, em silêncio ou em voz alta: Coragem! Repita por cinco vezes.

....

....

....

....

Hoje a principal realização do meu dia será: ....

....

....

....

8 de março

A Maior Aliança

"Aprenda diariamente a ter um caso de amor com a pessoa bela que você é, desenvolva um romance com a sua própria história."

Augusto Cury

Apaixonar-se por si mesmo é descobrir que sua história também é poesia. Quando você aprende a ser seu maior aliado, até o espelho devolve esperança.

PALAVRA DO DIA

Amor-próprio

AÇÃO DO DIA

Escreva três qualidades suas que merecem ser celebradas hoje. Olhe para elas como faria com alguém que você ama profundamente.

Hoje a principal realização do meu dia será:

9 de março

Acolher para Multiplicar

"Os fracos excluem, os fortes abraçam."

Augusto Cury

A força verdadeira não se mede no grito, mas no abraço que acolhe. Quem sabe incluir multiplica mundos dentro de si.

PALAVRAS DO DIA

Inclusão • Empatia

AÇÃO DO DIA

Reflita sobre um momento em que você acolheu alguém em vez de afastá-lo. Escreva como esse gesto impactou você e a outra pessoa.

....

....

....

....

Hoje a principal realização do meu dia será: ....

....

....

....

....

10 de março

LAR

"Se você tiver alegria fora de casa e viver uma guerra na sua família, a infelicidade será sua amiga."

Augusto Cury

Se dentro de casa o coração sofre, na rua a vida também não prosperará. A verdadeira felicidade começa onde reina respeito, amor e compreensão. Quando seu lar é seu refúgio, qualquer batalha se torna mais leve e possível.

PALAVRAS DO DIA

FAMÍLIA • AMOR • TRANQUILIDADE

AÇÃO DO DIA

Reflita: que gesto simples poderia trazer mais amor, paz e harmonia para seu lar?

Hoje a principal realização do meu dia será:

11 de março

Jardim da Memória

"Diariamente você planta flores ou acumula lixo nos solos da sua memória."

Augusto Cury

A memória é um jardim, e você é o jardineiro. Se não cuida do que é armazenado em sua mente, pode intoxicar o solo. Escolha regar o que embeleza e deixar o resto se desfazer com o vento.

PALAVRAS DO DIA

Escolhas • Cuidado

AÇÃO DO DIA

Anote uma lembrança que você considera uma "flor" e outra que você sente ser "lixo". Como você pode nutrir a primeira e descartar a segunda?

Hoje a principal realização do meu dia será:

12 de março

Saber Amar

"Não basta amar, tem que saber amar."

Augusto Cury

Amar é mais que sentir, é aprender a cuidar. O amor não se sustenta apenas na intensidade das emoções. É necessário ouvir com atenção, respeitar os silêncios, oferecer apoio sem sufocar. Cultive espaço para que o outro cresça e cresça também com ele.

PALAVRA DO DIA

Conexão

AÇÃO DO DIA

De que forma você demonstra amor? De que forma você recebe amor? Reflita sobre isso por 3 minutos em silêncio. Anote o que mais apareceu.

Hoje a principal realização do meu dia será:

13 de março

O Poder do Silêncio

"O silêncio é a oração dos sábios."

Augusto Cury

O silêncio não é ausência, é presença profunda. É nele que mora a sabedoria. Quem aprende a acolhê-lo encontra as respostas que o barulho esconde.

PALAVRAS DO DIA

Atenção plena • Escuta • Realização

AÇÃO DO DIA

Reserve um momento de silêncio hoje. Escreva o que sentiu ou percebeu quando se permitiu escutar apenas a si mesmo.

....

....

....

....

Hoje a principal realização do meu dia será: ....

....

....

....

....

14 de março

Treinar a Mente

"A mente só resolve os problemas de sobrevivência se for treinada, equipada, educada."

Augusto Cury

Uma mente indisciplinada tropeça nos próprios limites. Para vencer obstáculos, é necessário manter-se ativo e aberto ao aprendizado constante. Ao treinar sua mente, você a transforma na mais poderosa ferramenta de superação.

PALAVRAS DO DIA

Disciplina • Autodesenvolvimento

AÇÃO DO DIA

Escreva uma habilidade ou hábito mental que você gostaria de fortalecer. Qual é uma atitude que você poderia tomar hoje para começar esse treino?

Hoje a principal realização do meu dia será:

15 de março

Destino ou Escolha?

"O conformista acredita que todas as coisas são obra do destino. O ativista acredita que o destino é uma questão de escolha."

Augusto Cury

Ao longo da vida, você irá se deparar com barreiras diante das quais pode se retrair ou se arriscar. Quando escolhe lutar, você descobre que o futuro não é sorte, é construção. O destino se escreve em atos de coragem. Tome as rédeas da sua vida!

PALAVRAS DO DIA

Coragem • Escolhas • Autonomia

AÇÃO DO DIA

Que passos que você pode dar para ajudar o destino a acontecer?

....

....

....

Hoje a principal realização do meu dia será: ....

....

....

....

16 de março

Luz e Escuridão

"Ter uma mente inteligente é saber valorizar tanto o sorriso quanto a tristeza."

Augusto Cury

Inteligência não é fugir da dor, mas compreender que até a tristeza tem algo a ensinar. O sorriso só é pleno quando sabemos também acolher as sombras.

PALAVRAS DO DIA

Inteligência emocional • Equilíbrio

AÇÃO DO DIA

Contemple o pôr do sol. As paisagens ao redor de sua casa. Pequenos detalhes, plantas, animais. O céu. Há beleza em todas as coisas.

....

....

....

....

Hoje a principal realização do meu dia será: ....

....

....

....

17 de março

PRIMEIRO A EMOÇÃO

"Devemos conquistar primeiro o território da emoção, para depois conquistar o da razão: surpreender positivamente antes de criticar."

Augusto Cury

Antes de corrigir, encante. Uma emoção tocada pela gentileza abre portas que a crítica jamais alcançaria. Quando o coração se sente valorizado, a mente se torna mais receptiva, e é nesse espaço que nasce o verdadeiro diálogo.

PALAVRAS DO DIA

GENTILEZA • ESTRATÉGIA

AÇÃO DO DIA

Pense em alguém a quem você gostaria de dar um feedback. O que você admira nessa pessoa? Pense em como um elogio genuíno pode abrir as portas para uma conversa receptiva.

Hoje a principal realização do meu dia será:

18 de março

Choque de Lucidez

"Quem não souber dar um choque de lucidez em sua emoção e em seus pensamentos jamais poderá dizer que é autor da própria história."

Augusto Cury

Ser dono da própria história exige coragem de interromper ilusões. Um choque de lucidez é como um raio que ilumina o céu nublado da mente. É desse clarão que nasce a força para escrever novas páginas com consciência e verdade.

PALAVRA DO DIA

Consciência

AÇÃO DO DIA

Feche os olhos e reflita sobre as suas emoções. Existe algum pensamento ou sentimento que o pode estar iludindo?

....

....

....

Hoje a principal realização do meu dia será: ....

....

....

19 de março

A Verdadeira Riqueza

"Quem cultiva a inteligência é uma pessoa rica, pois possui o maior de todos os capitais."

Augusto Cury

A verdadeira riqueza não cabe em cofres. Ela habita em quem expande a mente, pois cada ideia é uma semente de futuro.

PALAVRA DO DIA

Conhecimento

AÇÃO DO DIA

Que passo simples você pode dar hoje para investir em sua inteligência? Ler um livro? Escrever? Aprender algo novo?

Hoje a principal realização do meu dia será:

20 de março

A Mente "Mente"

"Quando não há gestão da emoção, ninguém pode te ferir mais do que a sua própria mente."

Augusto Cury

A mente inventa feridas quando não está em paz. Aprender a governá-la é impedir que sejamos reféns de inimigos imaginários criados dentro de nós.

PALAVRAS DO DIA

Emoção • Autogestão

AÇÃO DO DIA

Identifique um medo ou preocupação que pode ter sido amplificado pela sua própria mente. Escreva uma forma de enxergá-lo com mais lucidez.

....

....

....

Hoje a principal realização do meu dia será: ....

....

....

....

21 de março

Escolher a Reação

"Você não pode controlar tudo o que acontece, mas pode escolher como reagir."

Augusto Cury

O controle absoluto é ilusão. A vida traz imprevistos, perdas e surpresas que chegam sem pedir autorização. Mas a escolha da resposta é um poder que sempre nos pertence, e nela mora a chave da liberdade interior.

PALAVRAS DO DIA

Consciência • Escolha

AÇÃO DO DIA

Pense na última vez em que enfrentou algo inesperado. De que forma sua reação fez diferença naquele momento? Como você agirá da próxima vez?

....

....

....

Hoje a principal realização do meu dia será: ....

....

....

22 de março

Equilíbrio

"O equilíbrio não é ausência de conflito, mas a habilidade de não se perder dentro dele."

Conflitos fazem parte da vida. Saber enfrentá-los com equilíbrio, sem permitir que eles nos destruam por dentro, pode transformar a vida. Enxergar conflitos como oportunidades faz parte da verdadeira arte de estar em paz.

PALAVRA DO DIA

Paz interior

AÇÃO DO DIA

Pense em um conflito recente. Escreva como você reagiu a ele e como poderia manter mais equilíbrio em uma situação parecida no futuro.

....

....

....

Hoje a principal realização do meu dia será: ....

....

....

....

23 de março

Conquistar o Planeta Eu

"Dominamos a tecnologia para viajar para outros planetas, mas não a tecnologia para conquistar os espaços onde nascem a timidez, a ansiedade, o medo, as frustrações."

Augusto Cury

Exploramos galáxias, mas ainda tropeçamos no universo da própria mente. Ser capaz de vencer a timidez, a ansiedade, o medo e as frustrações é a maior conquista que um ser humano pode alcançar.

PALAVRAS DO DIA

Coragem • Autodomínio

AÇÃO DO DIA

Reflita sobre um medo ou ansiedade que limita você. Escreva qual seria o primeiro passo para começar a enfrentá-lo.

....

....

....

Hoje a principal realização do meu dia será: ....

....

....

24 de março

Nunca Desista

"Não existem pessoas de sucesso ou pessoas fracassadas. O que existe são pessoas que lutam pelos seus sonhos e pessoas que desistem deles."

Augusto Cury

O que diferencia o vencedor e o perdedor é a persistência: continuar mesmo quando tudo convida a desistir. Cada passo dado em direção a um sonho é uma vitória que nenhum tropeço pode apagar.

PALAVRA DO DIA

Perseverança

AÇÃO DO DIA

Reflita sobre um sonho abandonado após dificuldades no caminho. Que passos você poderia dar para se manter na luta e conquistá-lo?

Hoje a principal realização do meu dia será:

25 de março

Libertando a Criatividade

"Liberte sua criatividade e invista tempo contemplando aquilo que o dinheiro não compra."

Augusto Cury

A criatividade floresce quando damos espaço para o encantamento. O que alimenta a alma é gratuito e está disponível abundantemente ao nosso redor.

PALAVRAS DO DIA

Inspiração • Alma

AÇÃO DO DIA

Reserve alguns minutos para contemplar algo simples que não depende de dinheiro (por exemplo, a natureza, o céu, um gesto de carinho). Como essa experiência inspira sua criatividade?

Hoje a principal realização do meu dia será: ....

26 de março

Falhar é Humano

“Não tenha medo de falhar; e, se falhar, não tenha medo de chorar; e, se chorar, repense sua vida, mas não desista; dê sempre uma chance para si mesmo.”

Augusto Cury

Errar não é o fim do caminho, é apenas parte dele. Chore, se preciso, pois as lágrimas lavam a alma. Aproveite o momento para repensar as escolhas. Mas sempre recomece. A cada novo passo você terá mais sabedoria.

PALAVRAS DO DIA

Perseverança • Sabedoria

AÇÃO DO DIA

Quando está passando por dificuldades, qual a sua forma de se fortalecer?

....

....

....

Hoje a principal realização do meu dia será: ....

....

....

27 de março

O Rio da Flexibilidade

"Uma pessoa verdadeiramente flexível
não é cobradora nem justiceira."

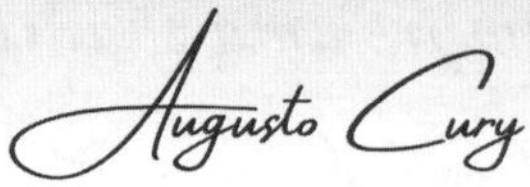

A verdadeira flexibilidade não cobra nem julga. É leve como o rio que contorna as pedras sem perder o curso. Flexível é quem entende que a vida pede mais compreensão do que imposição, mais adaptação do que rigidez.

PALAVRAS DO DIA

Compreensão • Empatia • Adaptação

AÇÃO DO DIA

Pense em algum aspecto da sua vida em que você poderia ser mais flexível. Escreva o primeiro passo que você pode dar hoje em direção a essa flexibilidade.

....

....

....

Hoje a principal realização do meu dia será: ....

....

....

28 de março

Cultivar Flores

"Todos querem o perfume das flores, mas poucos sujam as suas mãos para cultivá-las."

Augusto Cury

A felicidade raramente vem de bandeja. Ela pede mãos na terra: trabalho, dedicação e persistência. Só colhe alegria quem se dispõe a plantá-la.

PALAVRAS DO DIA

Dedicação • Autocuidado

AÇÃO DO DIA

Se conquistas fossem flores, qual "flor" você desejaria colher em sua vida? Reflita sobre as ações concretas necessárias para cultivá-la.

....

....

....

....

Hoje a principal realização do meu dia será: ....

....

....

....

29 de março

A Verdadeira Beleza

"Cada um tem seu próprio brilho.
A beleza está nos olhos de quem enxerga."

Augusto Cury

Muitos travam batalhas diante do espelho. O que esquecem é que cada rosto guarda uma centelha única de beleza, visível a quem olha com ternura. O verdadeiro encanto não está na perfeição, mas na singularidade de cada ser.

PALAVRA DO DIA

Amor-próprio

AÇÃO DO DIA

Escreva três características suas que representam seu brilho único. Pense além do físico, pois é no coração que mora o seu verdadeiro Eu.

Hoje a principal realização do meu dia será:

30 de março

O Peso do Sucesso

"O sucesso é mais difícil de ser trabalhado do que o fracasso."

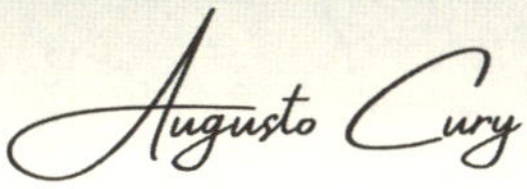

Quando fracassamos, o caminho é simples: aprendizado e recomeço. Mas o sucesso pode nos embriagar, alimentar a vaidade e nos fazer perder a cabeça. Administrar as vitórias pode ser mais desafiador que suportar as quedas.

PALAVRA DO DIA

Humildade

AÇÃO DO DIA

Pense em uma conquista da qual você tem orgulho. Você lida com ela com humildade ou se envaidece?

Hoje a principal realização do meu dia será:

31 de março

Frustrações

"As frustrações são um privilégio dos vivos,
e transcendê-las é um privilégio dos sábios."

Augusto Cury

Frustrações são inevitáveis na vida: são sinais de que tentamos, arriscamos, buscamos. Mas nem todos sabem atravessá-las. Transcendê-las é um ato de sabedoria: transformar cada cicatriz em mapa, cada tropeço em trilha para crescer mais forte.

PALAVRAS DO DIA

Superação • Resiliência

AÇÃO DO DIA

Pense em uma frustração que ainda pesa em suas lembranças. Anote uma lição ou força que você pode extrair dela.

....

....

....

Hoje a principal realização do meu dia será: ....

....

....

....

ABRIL

***

1º de abril

O Vencedor Final

"Ainda que sejamos vencedores no jogo da vida, a morte sempre nos vencerá."

Augusto Cury

Diante da morte todos somos iguais. Ela não se importa se acumulamos tesouros ou conquistas. Devemos viver com humildade, pois nossas atitudes são nosso verdadeiro legado.

PALAVRAS DO DIA

Igualdade • Humildade

AÇÃO DO DIA

Escreva um legado que você gostaria de deixar no mundo quando você se for. De que forma você pode começar a construí-lo no dia de hoje?

Hoje a principal realização do meu dia será:

2 de abril

Valorizar-se para Doar-se

"Quem tem baixa autoestima pouco se doa. Torna-se especialista em reclamar e perito em cobrar."

Augusto Cury

Valorizar a si mesmo é uma das tarefas mais importantes que há, pois é a única forma de abrir as portas do coração. Somos todos singulares. Enxergue o brilho único que existe dentro de você.

PALAVRA DO DIA

Amor-próprio

AÇÃO DO DIA

Liste três características que tornam você especial e único. Escreva como pode usá-las para doar mais de si ao mundo.

....

....

....

....

Hoje a principal realização do meu dia será: ....

....

....

....

3 de abril

Ser Feliz

"Ser feliz é encontrar força no perdão, esperança nas batalhas, segurança no palco do medo, amor nos desencontros."

Augusto Cury

A felicidade é um mosaico de contrastes. Ela não mora na ausência de dificuldades, mas na habilidade de extrair lições dos obstáculos.

PALAVRAS DO DIA

Otimismo • Leveza • Resiliência

AÇÃO DO DIA

Pense no último momento difícil que viveu. Qual foi uma lição que você extraiu dessa dificuldade?

....

....

....

Hoje a principal realização do meu dia será: ....

....

....

....

4 de abril

ETERNA PRIMAVERA

"O amor é o fundamento da vida.
Quem ama nunca envelhece no território da emoção."

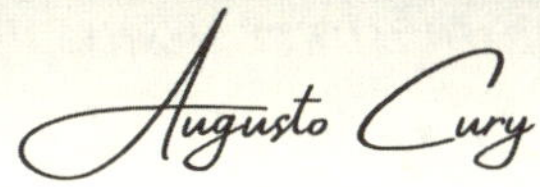

O tempo marca o corpo, mas o amor preserva a juventude da alma. Ele mantém viva a capacidade de se encantar, de sentir e de florescer. Quem ama vive sempre em primavera.

PALAVRAS DO DIA

EMOÇÃO • CONEXÃO

AÇÃO DO DIA

Consulte seu coração. Escreva sobre três pessoas que você ama e de que forma esse amor o faz sentir mais jovem e vivo.

Hoje a principal realização do meu dia será:

5 de abril

Generosidade é Escolha

"Com todo o sofrimento enfrentado por Jesus, era de se esperar que a sua personalidade fosse angustiada e ansiosa, mas, ao abrir a sua boca ao mundo, jamais se viu alguém tão alegre e generoso."

Augusto Cury

A dor não foi capaz de apagar a luz de Cristo. Sua generosidade mostra que a alegria é escolha, mesmo diante do sofrimento. Sejamos como Ele: capazes de iluminar, mesmo em meio às sombras.

PALAVRA DO DIA

Luz

AÇÃO DO DIA

De que forma você pode praticar alegria e generosidade hoje, mesmo se estiver passando por dificuldades?

....

....

....

Hoje a principal realização do meu dia será: ....

....

....

6 de abril

Saber Viver

"A vida é um grande contrato de risco: tem curvas imprevisíveis e acidentes inevitáveis, mas, se você souber percorrer o caminho, tudo vale a pena."

Augusto Cury

A estrada da vida é cheia de surpresas. Ainda que você tente se preparar para o futuro, o resultado é sempre incerto. Mas é justamente aí que mora a beleza: quando você está aberto para o que vier, a vida pode ser maravilhosa.

PALAVRA DO DIA

Flexibilidade

AÇÃO DO DIA

Hoje você passará por ao menos uma situação inesperada, ainda que pequena. De que forma você pode se abrir para aceitá-la, seja qual for?

Hoje a principal realização do meu dia será:

7 de abril

ADORAÇÃO AO DINHEIRO

"O dinheiro não enlouquece, mas o amor por ele destrói a serenidade."

Augusto Cury

O dinheiro é necessário, mas não deve ser uma prioridade. Quando permitimos que ele seja nosso senhor, podemos não apenas ferir os outros, mas também aprisionar a nós mesmos. Escolha vê-lo como uma ferramenta, não algo a ser venerado.

PALAVRAS DO DIA

CONSCIÊNCIA • ESCOLHAS

AÇÃO DO DIA

Quais são os tesouros em sua vida que não se pode comprar? Como você pode apreciá-los mais do que o dinheiro?

....

....

....

Hoje a principal realização do meu dia será: ....

....

....

....

8 de abril

SONHO E DISCIPLINA

"Sonhos sem disciplina
produzem pessoas frustradas."

Augusto Cury

Sonhar sem disciplina é como semear e nunca regar. Não há chances de concretizar os seus planos se você não vai atrás deles nem se organiza para tomar os passos necessários. O sonho só floresce quando a rotina é intencional.

PALAVRAS DO DIA

PERSEVERANÇA • ORGANIZAÇÃO

AÇÃO DO DIA

Reflita sobre um sonho. Pense em como pode adaptar sua rotina para colocá-lo em prática.

....

....

....

Hoje a principal realização do meu dia será: ....

....

....

....

9 de abril

Somos Iguais

"No teatro da mente, somos todos iguais."

Augusto Cury

Dentro da mente não existem títulos, cargos ou posses. Todos partilhamos o mesmo palco invisível, onde o enredo é humano.

PALAVRA DO DIA

Igualdade

AÇÃO DO DIA

Pense em uma pessoa que admira e uma de quem não gosta tanto. Agora, escreva características que vocês três possuem em comum.

Hoje a principal realização do meu dia será:

10 de abril

Liberdade

"Só uma mente livre é capaz de gerar pessoas livres."

Augusto Cury

Liberdade não nasce de muros derrubados, mas de pensamentos libertos. Uma mente livre é semente para libertar o mundo.

PALAVRA DO DIA

Autonomia

AÇÃO DO DIA

Hoje, pense em uma ação que você pode tomar para libertar sua mente.

Hoje a principal realização do meu dia será:

11 de abril

Ajustar as Velas

"Você não controla o vento,
mas pode ajustar as velas da sua vida."

Augusto Cury

Nem tudo está em suas mãos, mas a sua reação ao que acontece é o que realmente importa. Ajuste as velas da sua vida e transforme o imprevisto em direção.

PALAVRAS DO DIA

Adaptação • Autocontrole

AÇÃO DO DIA

Pense na última vez em que deixou uma situação inesperada derrubar sua paz. Como você poderia ter reagido para usar a dificuldade como alavanca?

Hoje a principal realização do meu dia será:

12 de abril

A Leveza do Inesperado

*"Liberte-se de suas manias. Seja flexível e alegre.
Saia da rotina de tempos em tempos."*

Augusto Cury

Todos temos nossos próprios rituais diários, mas eles não devem ser uma prisão. Abra-se para o desconhecido e verá que o inesperado também entrega sorrisos.

PALAVRA DO DIA

Flexibilidade

AÇÃO DO DIA

Qual hábito você cultiva todos os dias?
Planeje, hoje, praticá-lo de uma forma diferente.

....

....

....

....

Hoje a principal realização do meu dia será: ....

....

....

....

13 de abril

Reconhecer os Erros

"Ninguém é digno de escrever uma bela história de amor se não aprender a reconhecer os próprios erros."

Augusto Cury

Errar é humano. A diferença entre quem tem sucesso no amor e quem sofre na solidão é a capacidade de admitir as próprias falhas, pedir perdão e se abrir para recomeçar.

PALAVRA DO DIA

Humildade

AÇÃO DO DIA

Reconheça um momento em que você errou. O que você poderia ter feito diferente? Planeje pedir perdão a quem você magoou e veja como um simples ato de humildade é capaz de transformar sua vida.

....

....

....

Hoje a principal realização do meu dia será: ....

....

....

....

14 de abril

O Poder dos Detalhes

"As grandes ideias surgem da observação dos pequenos detalhes."

Augusto Cury

A inspiração para coisas incríveis não vem de grandes espetáculos.
Preste atenção aos pormenores:
eles escondem mapas para novos mundos.

PALAVRAS DO DIA

Detalhes • Inspiração

AÇÃO DO DIA

Observe seus arredores e encontre uma pequena coisa que pode servir de inspiração para todo o seu dia.

Hoje a principal realização do meu dia será:

15 de abril

Olhos Altruístas

"Os olhos da face enxergam comportamentos visíveis, os olhos altruístas enxergam o que está por trás deles."

Augusto Cury

O visível está exposto ao mundo, mas é necessário ter empatia para compreender o que se esconde nos comportamentos. Em cada um de nós há um mundo inteiro, acessível somente a quem realmente se importa e busca entendê-lo.

PALAVRA DO DIA

Empatia

AÇÃO DO DIA

Escolha uma pessoa para observar no dia de hoje. O que parece estar acontecendo no Eu interior dessa pessoa, mesmo que seus comportamentos não estejam demonstrando?

....

....

....

Hoje a principal realização do meu dia será: ....

....

....

16 de abril

Pausas Necessárias

"A vida cobra pausas; ignorá-las é convidar o corpo e a mente a gritarem por socorro."

Augusto Cury

Assim como toda música tem momentos de silêncio que fazem o resto do arranjo parecer ainda mais vivo, o autocuidado é o que permitirá que sua vida tenha mais cor. Seu corpo e sua mente precisam descansar. Não negligencie esse cuidado.

PALAVRAS DO DIA

Autocuidado • Paz interior

AÇÃO DO DIA

Reserve hoje um momento de pausa. Anote, depois, os benefícios que esse descanso trouxe ao seu dia.

....

....

....

Hoje a principal realização do meu dia será: ....

....

....

....

17 de abril

Acolher

"Não é justo dizer que a dor amadurece o ser humano. As perdas e frustrações podem esmagar a autoestima e dissipar o encanto pela vida."

Augusto Cury

Costumamos ouvir que a dor fortalece, mas o que ignoramos é que ela é cruel em essência. Ainda que às vezes haja lições a serem aprendidas com a cicatriz, o sofrimento não deve ser minimizado. O ferido merece acolhimento e compreensão.

PALAVRAS DO DIA

Compreensão • Empatia • Resiliência

AÇÃO DO DIA

Com certeza há ao menos uma pessoa em sua vida passando por alguma batalha. Que atitudes você pode tomar para fazê-la se sentir acolhida?

....

....

Hoje a principal realização do meu dia será: ....

....

....

18 de abril

A Pergunta da Vieda

*"A vida é uma grande pergunta
em busca de grandes respostas."*

Augusto Cury

Cada dia é uma interrogação que pede coragem. As respostas raramente são fáceis, mas sempre nos transformam. Viver é aceitar o mistério da pergunta e aprender com o caminho que as respostas revelam.

PALAVRAS DO DIA

Coragem • Questionamento

AÇÃO DO DIA

Escreva uma pergunta que a vida lhe faz neste momento. Reflita sobre o que essa busca pode já ensinar, mesmo que a resposta ainda não esteja clara.

Hoje a principal realização do meu dia será:

19 de abril

Liderar a Si Mesmo

"Treinem ser líderes de si mesmos, apesar do passado doloroso e traumático."

Augusto Cury

Não entregue as rédeas da sua vida ao passado. Todos temos sofrimentos e cicatrizes, mas é importante seguir em frente e tomar controle do seu próprio destino. Mesmo em ruínas, há sempre chão para recomeçar.

PALAVRAS DO DIA

Autonomia • Superação

AÇÃO DO DIA

Pense em algo doloroso que aconteceu em sua vida. De que forma você pode tomar o controle do que acontece daqui em diante, apesar das lembranças do sofrimento?

Hoje a principal realização do meu dia será:

20 de abril

A Força do Equilíbrio

"Dar a outra face é um símbolo de maturidade e força interior."

Augusto Cury

Reagir com violência é fácil, mas responder com equilíbrio exige grandeza. Oferecer a outra face não é submissão, é sinal de domínio sobre si mesmo.

PALAVRAS DO DIA

Autocontrole • Perdão

AÇÃO DO DIA

Reflita sobre alguém que o magoou. Como perdoar essa pessoa poderia melhorar a sua vida?

Hoje a principal realização do meu dia será:

21 de abril

Marcas do Coração

"As informações são arquivadas na memória, as experiências são cravadas no coração."

Augusto Cury

O que ouvimos, lemos e aprendemos por fontes externas pode orientar nossas escolhas, mas apenas o que vivemos de verdade nos transforma. São as experiências sentidas na pele que deixam marcas profundas, capazes de moldar quem somos e como enxergamos o mundo.

PALAVRA DO DIA

Vivência

AÇÃO DO DIA

Lembre-se de uma experiência que mudou sua forma de ver a vida. Escreva como ela marcou mais do que qualquer teoria ou conselho.

Hoje a principal realização do meu dia será:

22 de abril

Cárcere da Emoção

"Supere o cárcere da emoção para ser livre no único lugar em que não é admissível ser um prisioneiro."

Augusto Cury

A prisão mais dura é a que construímos dentro de nós. Grades invisíveis feitas de medo, rancor ou insegurança limitam passos que poderiam ser livres. Romper essas correntes emocionais é reencontrar a verdadeira liberdade.

PALAVRAS DO DIA

Consciência • Escolhas • Realização

AÇÃO DO DIA

Identifique uma emoção que energiza você. Reflita sobre que ações fazem você se sentir assim. Essas ações podem ajudar você a se fortalecer em momentos em que sentimentos menos positivos quiserem se tornar dominantes.

....

....

....

Hoje a principal realização do meu dia será: ....

....

....

23 de abril

Higiene da Mente

"Use a dúvida como ferramenta para fazer uma higiene no delicado palco da sua mente com o mesmo empenho com que você faz higiene bucal."

Augusto Cury

Questione cada sentimento ruim que perpassar sua mente. Se você zela pela saúde do corpo, por que não faria o mesmo com o que habita seu interior? As reflexões arejam a mente e preservam as ideias vivas.

PALAVRAS DO DIA

Questionamento • Autocuidado

AÇÃO DO DIA

Identifique um pensamento negativo recorrente.
Escreva uma pergunta que poderia desafiar esse pensamento
e deixar sua mente mais leve.

Hoje a principal realização do meu dia será:

24 de abril

Pensar Antes de Agir

"O objetivo não é ganhar a queda de braço, mas ensinar quem ama a desenvolver a fascinante habilidade chamada 'pensar antes de reagir'."

Augusto Cury

Se sua meta é vencer discussões, passará a vida discutindo. Em vez disso, acolha as pessoas que você ama e ensine-lhes paciência, prudência e autonomia. O verdadeiro cuidado não está em impor razão, mas em inspirar calma para que o outro descubra em si a força do equilíbrio.

PALAVRAS DO DIA

Cuidado • Empatia • Calma

AÇÃO DO DIA

Pense na última discussão que teve com alguém querido. O que você poderia ter feito ou dito para acolher em vez de brigar? De que forma pode aplicar isso da próxima vez?

....

....

Hoje a principal realização do meu dia será: ....

....

....

25 de abril

Ambição e Vitória

"Os ambiciosos só descansam quando alcançam suas metas. Os coitadistas descansam antes de entrar na raia."

Augusto Cury

Só quem insiste na corrida descobre o gosto da vitória. Quando você se vitimiza, perde oportunidades e afunda ainda mais no fracasso. Levante-se, sacuda a poeira e siga em frente, sempre.

PALAVRAS DO DIA

Ambição • Resiliência

AÇÃO DO DIA

Qual foi a última vez que você desistiu de um plano porque ele não deu certo no início? O que você poderia fazer hoje para retomar esse sonho, com foco na vitória?

Hoje a principal realização do meu dia será:

26 de abril

A Maior Empresa do Mundo

"Não se esqueça de que sua vida é a maior empresa do mundo, e só você pode evitar que ela vá à falência."

Augusto Cury

A vida é o maior presente que recebemos ao nascer. Ninguém mais terá o interesse, ou o poder, de fazer a sua vida prosperar. Invista em si. Administre seus sonhos como o patrimônio mais valioso que existe. A felicidade é o maior lucro que você pode ter.

PALAVRAS DO DIA

Autocuidado • Investimento

AÇÃO DO DIA

Pense em uma área da sua vida que precisa de investimento no momento. Quais são as três principais ações que você pode adotar para isso?

Hoje a principal realização do meu dia será:

27 de abril

Outro Planeta

*"Se quiser viver uma vida sem crises,
conflitos e dificuldades sociais,
é melhor ir morar em outro planeta."*

Augusto Cury

É impossível fugir completamente do caos, pois ele é uma condição humana. O importante é saber como reagir a ele. Aprenda a administrar seus desafios e viverá uma vida plena.

PALAVRAS DO DIA

Resiliência • Escolhas

AÇÃO DO DIA

Anote os desafios que você está enfrentando no momento. Como você poderia se organizar para superá-los?

Hoje a principal realização do meu dia será:

28 de abril

Silêncio Proativo

"O silêncio proativo o leva a ter autonomia, a ser líder de si mesmo."

Augusto Cury

Ao escolher o silêncio em vez de alimentar a discussão, você está tomando o controle. O silêncio pode ser um atestado de sabedoria; nele se abre espaço para ouvir a si mesmo e perceber a direção certa.

PALAVRAS DO DIA

Consciência • Autocontrole

AÇÃO DO DIA

Hoje, escolha o silêncio. Não discuta, não revide. Apenas contemple os próprios pensamentos e emoções. Ao final do dia, escreva aqui o que você aprendeu sobre si mesmo ao tomar essa decisão.

Hoje a principal realização do meu dia será:

29 de abril

Treinar o Eu

"É necessário treinar o Eu para administrar pensamentos, ideias, imagens mentais e fantasias."

Augusto Cury

Quando a mente aprende disciplina, até as fantasias mais caóticas se transformam em trilhas seguras. Treine o seu Eu diariamente. É ele quem tem o poder de desbravar o mundo.

PALAVRA DO DIA

Autogestão

AÇÃO DO DIA

Escolha um pensamento recorrente que costuma dominar sua mente. Escreva uma forma de administrar melhor esse pensamento, transformando-o em algo útil.

....

....

....

Hoje a principal realização do meu dia será: ....

....

....

....

30 de abril

ANTES DE CRITICAR

"Maturidade não é criticar o comportamento dos que o rodeiam, mas saber colocar-se no lugar deles."

Augusto Cury

Você apenas cresce verdadeiramente quando compreende que todos estão passando pelas próprias batalhas. Cada atitude que o outro possa ter tem raiz em alguma vivência, alguma dificuldade. Em vez de julgar, seja paciente e acolha.

PALAVRA DO DIA

EMPATIA

AÇÃO DO DIA

Reflita sobre alguém que você criticou recentemente. O que essa pessoa traz de bom? Quais batalhas ela pode estar lutando no momento? De que forma você pode acolhê-la e ajudá-la?

....

....

....

Hoje a principal realização do meu dia será: ....

....

....

MAIO

***

1º de maio

O Excelente Profissional

"Um bom profissional faz tudo que lhe pedem, enquanto um excelente profissional surpreende, faz além do que os outros esperam."

Augusto Cury

A proatividade é a ferramenta que pode destacar você num mar de outros bons profissionais. Se você inovar e superar as expectativas, um futuro promissor o aguarda.

PALAVRAS DO DIA

Proatividade • Excelência

AÇÃO DO DIA

Reflita sobre seu trabalho ou a principal atividade que consome seu dia. De que forma você pode ir além do esperado?

....

....

....

Hoje a principal realização do meu dia será: ....

....

....

....

2 de maio

Intoxicação

"Estamos viciados em atividades, viciados em informação, viciados em celulares, viciados em asfixiar o tempo, viciados em pensar."

Augusto Cury

Vivemos intoxicados de pressa e notificações. A pausa virou artigo de luxo, mas é nela que o tempo respira. Procure silenciar o barulho, desconectar-se do turbilhão e estar presente na própria vida.

PALAVRAS DO DIA

Respiro • Presença

AÇÃO DO DIA

Escreva como você poderia incluir uma pequena pausa no seu dia para respirar sem pressa e sem telas.

Hoje a principal realização do meu dia será:

3 de maio

Autoagressão

"Ninguém agride os outros sem primeiro se autoagredir."

Augusto Cury

Cada vez que ferimos alguém, também nos ferimos por dentro. A raiva pode parecer força, mas deixa cicatrizes invisíveis em quem a carrega. Escolher a gentileza é também escolher preservar a própria paz.

PALAVRA DO DIA

Autocontrole

AÇÃO DO DIA

Reflita sobre uma situação em que você reagiu com agressividade. Escreva como essa atitude também afetou você por dentro.

....

....

....

....

Hoje a principal realização do meu dia será: ....

....

....

....

4 de maio

Reerguer-se

"Ser feliz é cair sem querer, mas se levantar por desejar."

Augusto Cury

A felicidade não está em nunca cair, mas em levantar-se com desejo renovado. Cada tropeço pode ser um novo ponto de partida.

PALAVRAS DO DIA

Consciência • Escolhas • Realização

AÇÃO DO DIA

Pense sobre uma queda que você já viveu.
O que mudou em você ao escolher se levantar?

Hoje a principal realização do meu dia será:

5 de maio

A Compreensão é uma Arte

"Os fracos julgam, os fortes compreendem."

Augusto Cury

Julgar é fácil, enquanto a compreensão é uma arte. Aquele que tem controle sobre a própria mente sempre irá escolher a empatia, pois sabe que cada vida traz cicatrizes invisíveis.

PALAVRA DO DIA

Empatia

AÇÃO DO DIA

Hoje, olhe para alguém com olhos de compreensão, não de julgamento. O que você notou nessa pessoa que nunca tinha notado antes?

Hoje a principal realização do meu dia será:

6 de maio

As Lentes da Mente

"Todo pensamento é uma interpretação da realidade."

Augusto Cury

O pensamento é uma lente: ele pode distorcer, ampliar ou até apagar detalhes importantes. Quanto mais consciência temos desse fato, mais nítido e verdadeiro se torna o mundo diante de nós.

PALAVRAS DO DIA

Consciência • Percepção

AÇÃO DO DIA

Observe um pensamento recorrente que você tem. Escreva de que forma ele pode estar distorcendo sua visão da realidade.

....

....

....

....

Hoje a principal realização do meu dia será: ....

....

....

....

....

7 de maio

Direção Errada

"Os nossos maiores problemas não estão nos obstáculos do caminho, mas na escolha da direção errada."

Augusto Cury

As dificuldades podem atrasar o ritmo, mas não impedem a chegada. O verdadeiro risco é caminhar para o lado errado, desperdiçando energia em estradas que não levam ao que importa.

PALAVRAS DO DIA

Consciência • Escolhas • Realização

AÇÃO DO DIA

Pense sobre as decisões que tem tomado. Alguma delas parece guiar para um destino equivocado? De que forma você pode corrigir a rota?

Hoje a principal realização do meu dia será:

8 de maio

Jardim e Deserto

"Às vezes a vida se parece com um imenso jardim, mas em outros momentos pode ser árida como um deserto."

Augusto Cury

A vida é feita de fases. Assim como o deserto não dura para sempre, o jardim logo floresce no horizonte. Guardar essa certeza é o que nos dá força para atravessar as areias do hoje em direção à esperança do amanhã.

PALAVRAS DO DIA

Esperança • Resiliência

AÇÃO DO DIA

Pense em um "deserto" que você atravessou. Como ele abriu caminho para um "jardim" inesperado em sua vida?

Hoje a principal realização do meu dia será:

9 de maio

Ter e Ser

"Ter não é ser, ter muito não é ser muito. Ser muito depende de fazer muito do pouco, e ser pouco é fazer pouco do muito."

Augusto Cury

Ter é acúmulo; ser é entrega. A grandeza não mora no excesso, mas na capacidade de transformar pouco em muito. Quem multiplica o pouco revela abundância interior; quem desperdiça o muito mostra pobreza de espírito.

PALAVRA DO DIA

Discernimento

AÇÃO DO DIA

Pense em tudo o que você tem e tudo o que você é. Você tem feito muito do pouco ou pouco do muito?

Hoje a principal realização do meu dia será:

10 de maio

A Tolice da Vaidade

"A vaidade é o caminho mais curto para o paraíso da satisfação, porém ela é, ao mesmo tempo, o solo onde a burrice melhor se desenvolve."

Augusto Cury

Os aplausos fáceis plantam tolices profundas. A vaidade promete brilho rápido, mas deixa raízes frágeis. O verdadeiro esplendor nasce da humildade.

PALAVRA DO DIA

Humildade

AÇÃO DO DIA

Reflita sobre uma situação em que a vaidade falou mais alto. Escreva como poderia ter agido com mais humildade.

Hoje a principal realização do meu dia será:

11 de maio

Pérolas

"Apesar dos nossos defeitos, precisamos enxergar que somos pérolas únicas no teatro da vida."

Augusto Cury

Nossas falhas não anulam nossa beleza. Somos formados pelas pressões e imperfeições da existência. O palco da vida seria incompleto sem a sua presença.

PALAVRAS DO DIA

Singularidade • Valor

AÇÃO DO DIA

Escreva três qualidades suas que brilham apesar das suas imperfeições.

Hoje a principal realização do meu dia será:

12 de maio

A Brevidade da Vida

"Por saber que a vida passa tão rápido, sinto necessidade de compreender minhas limitações e aproveitar cada lágrima, sorriso, sucesso e fracasso como uma oportunidade preciosa de crescer."

Augusto Cury

Cada riso e cada dor merecem ser vividos como sementes de amadurecimento. Abraçar limites e valorizar cada instante é transformar a brevidade da vida em fonte de sabedoria.

PALAVRAS DO DIA

Brevidade • Crescimento

AÇÃO DO DIA

Pense em um momento de dor e um de alegria. O que esses momentos ensinaram? O que revelaram sobre quem você é?

....

....

....

Hoje a principal realização do meu dia será: ....

....

....

13 de maio

Estrelas

"Sonhem com as estrelas para que vocês possam pisar pelo menos na Lua. Sonhem com a Lua para que vocês possam pisar pelo menos nos altos montes. Sonhem com os altos montes para que vocês possam ter dignidade quando atravessarem os vales das perdas e das frustrações."

Augusto Cury

Quanto mais alto você sonhar, mais longe irá alcançar. Os grandes sonhos ampliam sua força, mesmo que o destino não seja alcançado.

PALAVRAS DO DIA

Consciência • Escolhas • Realização

AÇÃO DO DIA

Qual é a "estrela" que você deseja alcançar? Qual seria a "Lua" ou os "montes", ou seja, conquistas menores mas igualmente impressionantes?

....

....

Hoje a principal realização do meu dia será: ....

....

14 de maio

Lágrimas de Alegria

"Ao aprender a amar, o homem derramará lágrimas não de tristeza, mas de alegria."

Augusto Cury

O amor verdadeiro é tão intenso que transborda pelos olhos. Não é dor, é gratidão por sentir e ser tocado profundamente. Quando o coração ama de verdade, até as lágrimas se tornam celebração.

PALAVRAS DO DIA

Amor • Conexão

AÇÃO DO DIA

Lembre-se de um momento em que chorou de alegria. Escreva o que essa experiência revelou sobre você.

Hoje a principal realização do meu dia será:

15 de maio

Abrigo da Tempestade

"Ser feliz não é ter um céu sem tempestades, caminhos sem acidentes, trabalhos sem fadigas, relacionamentos sem decepções."

Augusto Cury

Estamos sujeitos a vivências ruins. A felicidade é o que acontece apesar de todas as dificuldades. É a escolha de continuar lutando, é encontrar abrigo dentro de si quando o mundo ameaça desmoronar e encontrar o poder da própria resistência.

PALAVRAS DO DIA

Consciência • Resiliência

AÇÃO DO DIA

Escreva sobre uma dificuldade que você atravessou. Reflita sobre como conseguiu encontrar felicidade mesmo em meio ao caos.

Hoje a principal realização do meu dia será:

16 de maio

O Que Realmente Importa

"Lembre-se: quem está ao seu redor é mais importante que visualizações, reconhecimento social ou aplausos."

Augusto Cury

O reconhecimento digital pode desaparecer em segundos, mas os vínculos verdadeiros sustentam a vida inteira. Valorize quem caminha ao seu lado, não apenas quem o observa de longe ou amigos artificiais.

PALAVRAS DO DIA

Presença • Conexão • Gratidão

AÇÃO DO DIA

Escreva o nome de três pessoas que estão sempre ao seu lado. Pense em uma forma concreta de demonstrar gratidão a elas.

....

....

....

....

Hoje a principal realização do meu dia será: ....

....

....

....

17 de maio

Perdoar é Crescer

"O perdão nutre a tolerância e a sabedoria."

Augusto Cury

Perdoar é libertar-se do peso que corrói por dentro. Ao perdoar, você abre espaço para o crescimento de coisas maravilhosas.

PALAVRAS DO DIA

Tolerância • Superação

AÇÃO DO DIA

Pense em uma situação que ainda pesa no coração. Escreva como o perdão poderia transformar essa dor em aprendizado.

....

....

....

....

Hoje a principal realização do meu dia será: ....

....

....

....

....

18 de maio

Nunca é Tarde

"Alguns só conseguem perceber algo errado em suas vidas quando se tornam adultos frustrados, cujos sonhos foram enterrados nos becos da sua história."

Augusto Cury

Quando a vida nos soterra de obrigações, podemos, sem perceber, acabar enterrando nossos mais preciosos sonhos. Mas nunca é tarde demais para resgatar aquilo que costumava brilhar seus olhos.

PALAVRAS DO DIA

Sonhos • Frustração

AÇÃO DO DIA

Reflita sobre um sonho que você abandonou. Escreva um pequeno passo possível para se reaproximar dele hoje.

Hoje a principal realização do meu dia será:

19 de maio

Quem é Ferido Também Fere

"Por trás de uma pessoa que fere há uma pessoa ferida. Ninguém nos machuca se primeiramente não foi machucado pela vida."

Augusto Cury

Toda ferida tem origem em outra dor. Quem agride já carrega cicatrizes que o mundo não vê. Reconhecer isso é enxergar além da agressão e compreender o ser humano que sangra por trás dela.

PALAVRAS DO DIA

Empatia • Compreensão

AÇÃO DO DIA

Qual foi a última vez que alguém o feriu? Que dores invisíveis essa pessoa podia estar carregando?

....

....

....

Hoje a principal realização do meu dia será: ....

....

....

....

20 de maio

Tempo de Qualidade

"Muito maior que qualquer coisa que nosso dinheiro possa comprar é a qualidade de tempo que investimos junto de quem amamos."

Augusto Cury

O maior luxo é o tempo partilhado. Nenhum bem comprado se compara ao instante vivido ao lado de quem se ama.

PALAVRAS DO DIA

Amor • Presença • Conexão

AÇÃO DO DIA

Hoje, tire um tempo para ficar em companhia de uma pessoa que você ama. Depois, escreva aqui como isso melhorou seu dia.

Hoje a principal realização do meu dia será:

21 de maio

Ventos Sociais

"Se os ventos sociais forem bons, você terá mais chances de chegar ao seu destino. Se enfrentar tempestades, poderá afundar."

Augusto Cury

A sua jornada não depende apenas de você. As conexões que constrói podem ser ventos favoráveis ou tempestades em alto-mar. Cultive seus relacionamentos.

PALAVRA DO DIA

Conexão

AÇÃO DO DIA

Reflita sobre uma conexão que tem sido vento favorável em sua vida. Como essa pessoa tem ajudado na sua travessia?

....

....

....

Hoje a principal realização do meu dia será: ....

....

....

....

22 de maio

O Infinito Interior

"Apesar da pequenez do ser humano, nosso pensamento caminha na esfera da imaginação mais rápido do que a luz, e é mais fértil do que o solo mais rico."

Augusto Cury

Dentro de nós existe um vasto universo. A mente humana ultrapassa fronteiras e é capaz criar mundos inteiros.

PALAVRAS DO DIA

Criatividade • Imaginação

AÇÃO DO DIA

Escreva sobre uma ideia que nasceu apenas na sua imaginação e transformou sua forma de ver o mundo.

....

....

....

....

Hoje a principal realização do meu dia será: ....

....

....

....

23 de maio

Governar a Emoção

"A emoção é mais difícil de ser governada do que os pensamentos."

Augusto Cury

Podemos treinar para controlar o que pensamos, mas os sentimentos nunca são completamente domados, pois nascem de uma fonte primitiva dentro de nós. Por isso, é importante abrir espaço para as emoções e negociar com elas.

PALAVRAS DO DIA

Gestão da emoção

AÇÃO DO DIA

Escreva sobre uma emoção recente que tentou controlar. O que mudou quando você decidiu apenas senti-la em vez de sufocá-la?

Hoje a principal realização do meu dia será:

24 de maio

Reinventar-se

"Para libertar seu imaginário e se reinventar, é necessário interiorizar-se e refletir sobre sua história."

Augusto Cury

Para mudar ou seguir em frente, é importante conhecer a si mesmo. Escute o seu passado com olhos renovados e assim poderá imaginar o seu futuro e construí-lo.

PALAVRAS DO DIA

Renovação • Interiorização

AÇÃO DO DIA

Reflita sobre quem você é e o que viveu até agora. O que sua história pode acrescentar em seus novos projetos para o futuro?

....

....

....

....

Hoje a principal realização do meu dia será: ....

....

....

....

25 de maio

A Conta Chega

"Sucesso profissional sem sucesso emocional não é sucesso, é autodestruição."

Augusto Cury

Crescer por fora, sem cuidar do que há dentro, é a receita perfeita para a ruína. Mais cedo ou mais tarde, a conta chega, e você não poderá saborear o fruto do seu esforço se não estiver em paz consigo mesmo.

PALAVRAS DO DIA

Equilíbrio • Autocuidado

AÇÃO DO DIA

Reflita sobre uma conquista profissional recente. Ela trouxe paz ou aumentou suas pressões internas? Há como melhorar esse cenário?

Hoje a principal realização do meu dia será:

26 de maio

Falar com o Coração

"O ser humano pode ser amordaçado dentro de si, ainda que sua língua esteja livre para falar."

Augusto Cury

Muitos falam em voz alta, mas continuam prisioneiros por dentro. A voz pode soar livre, mas se o coração está acorrentado, ainda há silêncio. A verdadeira liberdade nasce quando a alma também encontra espaço para se expressar.

PALAVRA DO DIA

Expressão

AÇÃO DO DIA

Qual é um sentimento que você guarda em silêncio? O que mudaria se você desse voz a ele?

Hoje a principal realização do meu dia será:

27 de maio

Pensar em Excesso

"Pensar é excelente, mas pensar demais e sem qualidade pode ser um grande problema."

Augusto Cury

Ideias em demasia sem direção tornam-se prisões internas.
O equilíbrio é o que transforma a mente em bússola confiável,
capaz de guiar em vez de aprisionar.

PALAVRAS DO DIA

Equilíbrio • Reflexão

AÇÃO DO DIA

Observe um pensamento que tem se repetido em sua mente. Em vez de deixá-lo se repetir sem solução, como poderia transformá-lo, num sentido positivo?

....

....

....

Hoje a principal realização do meu dia será: ....

....

....

....

28 de maio

Riquezas Intangíveis

"O sentido da vida se encontra num mercado onde não se usa dinheiro."

Augusto Cury

O que verdadeiramente importa é o afeto partilhado, a presença sincera, os gestos que dão significado ao que somos. No fim, são essas riquezas intangíveis que sustentam nossa existência.

PALAVRAS DO DIA

Sentido • Conexão

AÇÃO DO DIA

Escreva três coisas que hoje dão sentido à sua vida e que não têm preço.

Hoje a principal realização do meu dia será:

29 de maio

Criticar as Crenças

"Quem não critica o que crê não lapidará suas crenças. Quem não lapida suas crenças será servo de suas verdades. Se suas verdades forem doentias, certamente será uma pessoa doente."

Augusto Cury

A fé cega, sem reflexão, pode se transformar em uma prisão para a mente. Questionar não significa abandonar aquilo em que acreditamos, mas polir nossas convicções para que brilhem sem nos ferir.

PALAVRAS DO DIA

Questionamento • Reflexão

AÇÃO DO DIA

Anote uma crença que você carrega há muito tempo. Agora, questione: ela ainda te fortalece ou apenas limita seu caminho?

Hoje a principal realização do meu dia será:

30 de maio

O Silêncio dos Omissos

"O silêncio dos omissos é combustível para a vilania dos canalhas."

Augusto Cury

A injustiça não se sustenta apenas pela ação dos maus, mas também pela inércia dos que poderiam agir e se calam. Ao nos calarmos diante da crueldade, estamos escolhendo o caminho dos cruéis.

PALAVRAS DO DIA

Justiça • Coragem

AÇÃO DO DIA

Você já se calou diante de algo injusto? O que poderia ter feito diferente?

....

....

....

....

Hoje a principal realização do meu dia será: ....

....

....

....

31 de maio

Dividir para Multiplicar

"Na lógica da vida, dividir é aumentar. Dividir as conquistas multiplica a felicidade."

Augusto Cury

Felicidade é uma matemática generosa: quanto mais você reparte, mais ela cresce dentro e fora de você. A alegria se expande quando não fica trancada em nós. Compartilhe seus sorrisos!

PALAVRAS DO DIA

Conexão • Compartilhamento

AÇÃO DO DIA

Pense em uma conquista recente, grande ou pequena. Escreva de que forma você pode compartilhá-la com alguém.

....

....

....

....

Hoje a principal realização do meu dia será: ....

....

....

....

JUNHO

1º de junho

O Poder da Pergunta

"Perguntar é nosso destino."

Augusto Cury

A vida não é feita de respostas prontas, mas de perguntas que nos motivam. Perguntar é o motor da curiosidade, a chama que mantém a mente desperta e a alma em movimento.

PALAVRAS DO DIA

Curiosidade • Reflexão

AÇÃO DO DIA

Anote uma pergunta que move a sua vida. Não se preocupe em respondê-la agora, apenas deixe que ela guie o seu caminho.

Hoje a principal realização do meu dia será:

2 de junho

Escrever sua História

"Hoje estamos aqui, amanhã seremos uma página na história. Temos de nos perguntar: que história estávamos escrevendo?"

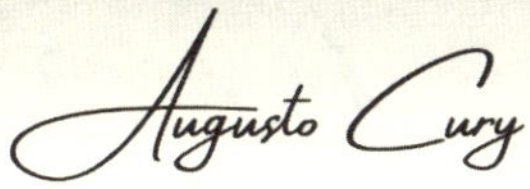

Não importa quanto tempo dure nossa passagem neste mundo, mas o que deixamos inscrito nos corações e nas páginas da vida. A grande questão é: a história que você está escrevendo vale a pena ser lida?

PALAVRAS DO DIA

Escolhas • Legado

AÇÃO DO DIA

Reflita sobre as atitudes de ontem: elas estão alinhadas com a história que deseja deixar?

Hoje a principal realização do meu dia será:

3 de junho

O Peso das Máscaras

"Há aqueles que se escondem por trás de roupa de grife e sorrisos programados para não revelar a tristeza que possuem."

Augusto Cury

Vestimos máscaras de elegância e alegria para proteger fragilidades, mas isso não faz a dor silenciosa desaparecer. A verdadeira riqueza é ser transparente consigo mesmo e com o mundo.

PALAVRAS DO DIA

Autoconsciência • Transparência

AÇÃO DO DIA

Qual foi a última vez em que você sorriu para esconder uma dor? O que aprendeu com essa experiência?

Hoje a principal realização do meu dia será:

4 de junho

Risco e Glória

"Quem vence sem risco triunfa sem glória."

Augusto Cury

Vitórias fáceis não deixam marcas. É a coragem de enfrentar o desconhecido que colore a vida de significado. A glória não está no resultado em si, mas em seguir apesar do medo.

PALAVRA DO DIA

Coragem

AÇÃO DO DIA

Que risco você tem evitado e que poderia abrir um novo caminho na sua vida?

Hoje a principal realização do meu dia será:

5 de junho

Escola da Vida

"A vida é uma grande universidade, mas pouco ensina a quem não sabe ser um aluno."

Augusto Cury

Cada dia traz lições escondidas. É preciso estar disposto a aprender. Só cresce quem observa, pergunta e se abre para o que a vida tem a ensinar.

PALAVRAS DO DIA

Crescimento • Sabedoria

AÇÃO DO DIA

Escreva uma lição que aprendeu com a vida, com suas próprias experiências.

Hoje a principal realização do meu dia será:

6 de junho

Mais Alto que o Sucesso

"Os mais sábios almejam atingir o topo da qualidade de vida, o auge do sentido da vida, os patamares mais altos da tranquilidade."

Augusto Cury

A verdadeira sabedoria não procura apenas conquistas externas, mas um equilíbrio interno capaz de sustentar cada vitória.

PALAVRAS DO DIA

Paz interior • Autocuidado

AÇÃO DO DIA

De que forma você pode cuidar do seu Eu hoje, buscando a tranquilidade?

Hoje a principal realização do meu dia será:

7 de junho

Escolha

*"O sofrimento nos constrói ou nos destrói.
É uma escolha só nossa."*

Augusto Cury

A dor é inevitável, mas é você quem escolhe o peso que ela tem em sua vida. Não permita que o sofrimento corroa sua mente: transforme-o em raiz para crescer ainda mais.

PALAVRAS DO DIA

Escolhas • Superação

AÇÃO DO DIA

Como você pode transformar uma dor que está sentindo em força para crescer?

....

....

....

....

Hoje a principal realização do meu dia será: ....

....

....

....

8 de junho

O Desafio dos Mortais

"Viver a vida de forma lenta e deslumbrada é o grande desafio dos mortais."

Augusto Cury

Na pressa, perdemos detalhes; no automatismo, nos esquecemos de sentir. Saboreie cada instante como se fosse único e não deixe a beleza passar despercebida.

PALAVRA DO DIA

Presença

AÇÃO DO DIA

Pense em um momento do seu dia a dia que você costuma viver no piloto automático. Como poderia desacelerar para apreciá-lo?

Hoje a principal realização do meu dia será:

9 de junho

Sofrer Antes da Hora

"Assuma o controle dos pensamentos que enfraquecem a mente, em especial daqueles que causam sofrimento antecipado."

Augusto Cury

Pensamentos sombrios são como ladrões: entram se não forem vigiados. Cabe a nós fechar a porta da mente e manter a luz acesa.

PALAVRAS DO DIA

Controle mental • Autocuidado

AÇÃO DO DIA

Descreva uma situação em que o medo foi pior que a realidade. O que aprendeu com isso?

....

....

....

....

Hoje a principal realização do meu dia será: ....

....

....

....

10 de junho

Tolices Mentais

"A mente pensa tolices, a emoção dá créditos a elas e o Eu, ingênuo, paga a conta por não saber filtrá-las."

Augusto Cury

Quantas vezes você já acreditou em pensamentos que não passavam de ilusões? Aprender a filtrar é essencial: nem todo pensamento merece crédito, nem toda emoção deve virar verdade.

PALAVRAS DO DIA

Consciência • Autocontrole

AÇÃO DO DIA

Anote um pensamento automático que surgir hoje.
Questione-se: é fato ou ilusão?

Hoje a principal realização do meu dia será:

11 de junho

Janelas

"Se alguém lhe bloquear a porta, procure as janelas."

Augusto Cury

Quando uma porta se fecha, não é o fim da jornada. Use sua criatividade para encontrar novas saídas. Uma janela pode oferecer uma paisagem até mais bonita do que aquela que você buscava.

PALAVRAS DO DIA

Perseverança • Criatividade

AÇÃO DO DIA

Pense sobre uma situação em que uma porta se fechou na sua vida e, ao buscar outra saída, você encontrou algo ainda melhor.

Hoje a principal realização do meu dia será:

12 de junho

A Joia do Tempo

"Se você quer cultivar o amor, é necessário dar de presente uma joia que não tem preço: o seu tempo."

Augusto Cury

O amor não se mede em presentes caros, mas no tempo que oferecemos. No silêncio de uma conversa longa, no olhar que não tem pressa, no abraço que demora.

PALAVRAS DO DIA

Conexão • Dedicação

AÇÃO DO DIA

Pense em uma pessoa importante para você. De que forma você pode oferecer mais tempo a ela nos próximos dias?

....

....

....

....

Hoje a principal realização do meu dia será: ....

....

....

....

13 de junho

Ser Sensível

"A sensibilidade depende de nossa postura de vida."

Augusto Cury

Ser sensível é escolher olhar o mundo com delicadeza. A sensibilidade floresce quando cultivamos abertura em vez de pressa, escuta em vez de julgamento.

PALAVRA DO DIA

Empatia

AÇÃO DO DIA

Escreva uma situação em que você poderia adotar mais sensibilidade no dia a dia.

....

....

....

....

Hoje a principal realização do meu dia será: ....

....

....

....

....

14 de junho

A Força do Perdão

"A maior represália contra um inimigo é perdoá-lo. Se o perdoamos, ele morre como inimigo, e nossa paz pode enfim renascer."

Augusto Cury

O perdão não é fraqueza, é libertação. Quando escolhemos perdoar, tiramos o poder do outro sobre nós e renascemos em paz. Hoje, dê esse presente a si mesmo.

PALAVRAS DO DIA

Consciência • Liberdade

AÇÃO DO DIA

Há alguém que ainda ocupa espaço em sua mente por conta de uma mágoa? Reflita sobre o que o perdão pode libertar dentro de você.

....

....

....

Hoje a principal realização do meu dia será: ....

....

....

....

15 de junho

Tesouro Escondido

"Há um tesouro escondido nos escombros das pessoas que sofrem. Só os sensíveis e sábios o descobrem."

Augusto Cury

A dor deixa marcas, mas também revela preciosidades escondidas: resiliência, compaixão, novas formas de olhar a vida. Quem se aproxima com sensibilidade descobre riquezas invisíveis.

PALAVRAS DO DIA

Sensibilidade • Resiliência

AÇÃO DO DIA

Você já encontrou força na dor de outra pessoa? Escreva como essa experiência mudou sua forma de enxergá-la.

Hoje a principal realização do meu dia será:

16 de junho

Tempestades

*"Os perdedores veem os raios e se amedrontam.
Os vencedores veem com a chuva
a oportunidade de cultivar."*

Augusto Cury

Não veja suas dificuldades como motivo para se assustar.
As tempestades também servem para regar a terra:
nelas mora a oportunidade de semear novos começos.

PALAVRAS DO DIA

Consciência • Escolhas • Realização

AÇÃO DO DIA

Reflita sobre alguma situação que foi como uma tempestade em sua vida. O que ela trouxe de oportunidade escondida?

....

....

....

Hoje a principal realização do meu dia será: ....

....

....

....

17 de junho

Cofre de Memórias

"Nossa história, arquivada na nossa memória, é a caixa de segredos da nossa personalidade."

Augusto Cury

Cada lembrança é uma peça que ajuda a formar quem somos. Conhecer esse arquivo interno é abrir a chave para compreender melhor a si mesmo.

PALAVRAS DO DIA

Identidade • Autoconhecimento

AÇÃO DO DIA

Escreva uma lembrança marcante que ajudou a moldar quem você é hoje.

Hoje a principal realização do meu dia será:

18 de junho

Força Interior

"Quem não tem autoestima teme correr riscos, chafurda na lama do conformismo e tende a culpar os outros pelo seu insucesso ou sua desgraça."

Augusto Cury

A baixa autoestima nos aprisiona. Quando acreditamos em nosso próprio valor, ganhamos coragem para arriscar, errar e recomeçar.

PALAVRAS DO DIA

Autoestima • Coragem

AÇÃO DO DIA

Liste três qualidades suas que lhe dão coragem para enfrentar riscos.

....

....

....

....

Hoje a principal realização do meu dia será: ....

....

....

....

19 de junho

Criticar com Cuidado

"Uma crítica mal trabalhada pode romper uma amizade."

Augusto Cury

Palavras mal colocadas podem se tornar muros entre corações. Críticas só constroem quando são guiadas pelo afeto. Caso contrário, deixam cicatrizes difíceis de apagar.

PALAVRAS DO DIA

Consciência • Cuidado

AÇÃO DO DIA

Escreva uma maneira gentil de expressar uma crítica a alguém próximo, sem ferir o vínculo entre vocês.

Hoje a principal realização do meu dia será:

20 de junho

Cortina de Vidro

"O passado é uma cortina de vidro. Felizes os que o observam para poder caminhar em direção ao futuro."

Augusto Cury

O passado não deve ser prisão. Quem sabe olhar para trás sem se prender aos estilhaços abre espaço para seguir adiante com leveza.

PALAVRAS DO DIA

Memória • Consciência • Libertação

AÇÃO DO DIA

Existe algo em seu passado que ainda o impede de caminhar? Escreva o primeiro passo que poderia dar para libertar-se disso.

....

....

....

....

Hoje a principal realização do meu dia será: ....

....

....

....

21 de junho

Inverno e Primavera

"Não existe primavera sem o inverno."

Augusto Cury

A beleza das flores só é possível porque antes houve frio, espera e silêncio. As dificuldades preparam o terreno para os dias leves.

PALAVRAS DO DIA

Esperança • Superação

AÇÃO DO DIA

Reflita sobre um "inverno" da sua vida que preparou o caminho para algo melhor.

Hoje a principal realização do meu dia será:

22 de junho

Sonhar e Construir

"Devemos procurar os mais belos sonhos,
construir os melhores projetos de vida,
buscar as mais fascinantes aspirações."

Augusto Cury

Sonhos grandes não são luxo, são combustível para a alma.
Quem ousa aspirar ao belo caminha mais longe,
porque encontra sentido em cada passo.

PALAVRAS DO DIA

Sonhos • Planejamento

AÇÃO DO DIA

Anote um pequeno passo prático que poderia dar hoje para transformar um sonho em projeto.

Hoje a principal realização do meu dia será:

23 de junho

Confiança em Si Mesmo

"Tenha confiança em si mesmo. Ainda que os aplausos cessem, a sua vida será um show no anonimato."

Augusto Cury

A confiança verdadeira não depende do olhar da plateia.
Mesmo no silêncio, sua vida continua sendo palco de grandeza.

PALAVRAS DO DIA

Amor-próprio • Valor • Coragem

AÇÃO DO DIA

Em qual área da sua vida você pode aumentar sua confiança pessoal e reduzir a atenção à aprovação alheia?

Hoje a principal realização do meu dia será:

24 de junho

Lixo Psíquico

"Muitos usam protetor solar e óculos escuros para se protegerem contra raios ultravioleta, mas não filtram o lixo psíquico mais grosseiro a que se expõem."

Augusto Cury

Notícias tóxicas, críticas vazias e pensamentos pesados também queimam por dentro. Aprender a filtrar o que entra em nossa psique é tão vital quanto proteger a pele.

PALAVRAS DO DIA

Saúde psíquica • Consciência

AÇÃO DO DIA

Escolha hoje reduzir a atenção que dedica a algo que intoxica sua mente. Se quiser, anote aqui qual será esse "não" libertador.

....

....

....

Hoje a principal realização do meu dia será: ....

....

....

....

25 de junho

Pensar Antes de Agir

"Pense antes de reagir, exponha (não imponha) suas ideias e entenda que cada pessoa é um ser único no palco da existência."

Augusto Cury

Expressar ideias com calma e respeito é reconhecer a singularidade de quem está diante de nós.

PALAVRAS DO DIA

Reflexão • Diálogo

AÇÃO DO DIA

Anote uma ideia sua importante e descreva como poderia apresentá-la sem impor, mas convidando ao diálogo.

Hoje a principal realização do meu dia será:

26 de junho

Mau Uso do Dinheiro

"O mau uso do dinheiro nos torna miseráveis."

Augusto Cury

O dinheiro pode sustentar a vida, mas não garante sentido. Usá-lo sem consciência é transformar recurso em prisão. A sabedoria está no equilíbrio entre ter e ser.

PALAVRAS DO DIA

Consciência • Valor

AÇÃO DO DIA

Em que área da sua vida o dinheiro tem mais poder do que deveria? Como você pode mudar esse cenário?

Hoje a principal realização do meu dia será:

27 de junho

Escolhendo as Batalhas

"Aprenda a escolher sabiamente as batalhas mentais que devem ser lutadas."

Augusto Cury

Nem toda preocupação merece sua energia. Muitas guerras da mente são apenas sombras sem substância. Saiba reconhecer o que merece luta e o que deve ser deixado para trás.

PALAVRAS DO DIA

Escolhas • Sabedoria

AÇÃO DO DIA

Anote uma estratégia para se libertar de uma batalha desnecessária nesta semana.

Hoje a principal realização do meu dia será:

28 de junho

Administrar as Emoções

"Em um mundo tão estressante e competitivo, quem não desenvolve a habilidade de administrar as emoções acaba por perder sua qualidade de vida."

Augusto Cury

O mundo externo sempre cobrará mais, mas é dentro que está a chave do equilíbrio. Administrar as emoções não é luxo, é sobrevivência.

PALAVRAS DO DIA

Autocontrole • Autoconhecimento • Equilíbrio

AÇÃO DO DIA

Anote uma prática simples que poderia ajudá-lo a administrar melhor os momentos de dificuldade.

....

....

....

....

Hoje a principal realização do meu dia será: ....

....

....

....

29 de junho

JARDIM DA MENTE

"A vida mental é como um jardim: o que você cultiva cresce, o que você ignora cria ervas daninhas."

Augusto Cury

Se regamos os bons pensamentos, eles florescem em paz e clareza. Mas, se deixamos o descuido dominar, as ervas daninhas ocupam todo o espaço da mente.

PALAVRAS DO DIA

CONSCIÊNCIA • CUIDADO

AÇÃO DO DIA

Identifique um pensamento que se repete e que não lhe faz bem e escreva como poderia reduzi-lo.

Hoje a principal realização do meu dia será:

30 de junho

Abraçar Mais

"Julgar menos e abraçar mais é uma das ferramentas de gestão da emoção."

Augusto Cury

O julgamento afasta, o abraço aproxima. Quando escolhemos acolher em vez de criticar, acalmamos não apenas os outros, mas também a nós mesmos.

PALAVRAS DO DIA

Gestão da emoção • Acolhimento

AÇÃO DO DIA

Em que situações você costuma julgar em excesso? Anote uma forma de responder com acolhimento.

Hoje a principal realização do meu dia será:

JULHO

* * *

1º de julho

Chances

"Os fracos fecham as portas, os fortes dão tantas chances quanto forem necessárias."

Augusto Cury

Há força em compreender que todos erram e, igualmente, têm chance de acertar. Construa pontes, não muros.

PALAVRAS DO DIA

Empatia • Compreensão • Paciência

AÇÃO DO DIA

Alguém já manteve a porta aberta para você mesmo depois de um erro? Como essa experiência moldou quem você é?

Hoje a principal realização do meu dia será:

2 de julho

Sonhar é Combustível

"Os sonhos não determinam o lugar onde vocês vão chegar, mas produzem a força necessária para tirá-los do lugar em que vocês estão."

Augusto Cury

Sonhar, imaginar um novo futuro, é o que dá energia e disposição para seguir em frente. Apenas acreditando em seus objetivos você tem chance de, de fato, alcançá-los.

PALAVRAS DO DIA

Motivação • Perseverança • Metas

AÇÃO DO DIA

Escreva um sonho que você tem hoje e descreva qual pequeno passo ele inspira você a dar já nesta semana.

Hoje a principal realização do meu dia será:

3 de julho

Brinde à Reflexão

"Para muitos a solidão é uma companheira intolerável, mas para os sonhadores é um brinde à reflexão."

Augusto Cury

É no silêncio que a imaginação floresce e que nascem respostas escondidas no turbilhão da vida. Estar só é, muitas vezes, estar em boa companhia.

PALAVRAS DO DIA

Consciência • Escolhas • Realização

AÇÃO DO DIA

Crie uma pequena lista de coisas que você pode fazer sozinho e que alimentam sua criatividade.

....

....

....

....

Hoje a principal realização do meu dia será: ....

....

....

....

4 de julho

O Eu

"O Eu representa a capacidade de escolha e a consciência crítica."

Augusto Cury

O Eu é a voz que decide entre seguir no automático ou escolher com clareza. Quando o Eu desperta, a vida deixa de ser acaso e vira decisão.

PALAVRA DO DIA

Autonomia

AÇÃO DO DIA

Hoje, escolha uma situação em que você estaria no automático e busque formas de estar mais presente nesse momento.

Hoje a principal realização do meu dia será:

5 de julho

O Espetáculo das Pequenas Coisas

“Ser feliz é contemplar o belo e fazer das pequenas coisas um espetáculo diário aos seus olhos.”

Augusto Cury

Felicidade não é um palco grandioso, mas os detalhes que se revelam a cada dia. Aprenda a saborear os instantes simples e enxergue a arte no cotidiano.

PALAVRAS DO DIA

Simplicidade • Apreciação

AÇÃO DO DIA

Escolha um momento rotineiro e descreva-o como se fosse a cena mais bela de um filme.

Hoje a principal realização do meu dia será:

6 de julho

Desacelerar

"Desacelerar não é perder tempo, é ganhar consciência."

Augusto Cury

Diminuir o ritmo não significa ficar para trás, mas finalmente enxergar onde pisa. Ao desacelerar, você abre espaço para escolhas mais conscientes.

PALAVRAS DO DIA

Consciência • Pausa

AÇÃO DO DIA

Escolha uma atividade de hoje para fazer de forma mais lenta, observando cada detalhe e sensação.

Hoje a principal realização do meu dia será:

7 de julho

Celebrador de Acertos

"Seja um celebrador de acertos.
O mundo já está cheio de criticistas."

Augusto Cury

Em vez de gastar energia com críticas, treine seus olhos para enxergar as vitórias ao seu redor. Essa celebração não só deixará o outro feliz: você também se sentirá mais leve e pleno.

PALAVRAS DO DIA

Incentivo • Reconhecimento

AÇÃO DO DIA

Hoje, elogie sinceramente alguém por algo que ele fez bem, mesmo que pareça simples.

Hoje a principal realização do meu dia será:

8 de julho

Paixão pela Vida

"O que nos motiva verdadeiramente não é o dinheiro ou a fama, mas a paixão pela vida."

Augusto Cury

É a paixão pela vida que mantém os passos firmes, mesmo nos dias nublados. Quem vive com brilho nos olhos transforma rotina em festa.

PALAVRAS DO DIA

Motivação • Entusiasmo

AÇÃO DO DIA

Qual foi a última vez em que você sentiu entusiasmo genuíno, sem ligação com dinheiro ou reconhecimento?

Hoje a principal realização do meu dia será:

9 de julho

Pensar Diferente

"O medo de pensar diferente tem engessado mentes brilhantes."

Augusto Cury

O medo de destoar cala ideias que poderiam iluminar o mundo. Pensar diferente é arriscar-se, mas também é abrir espaço para o novo florescer.

PALAVRAS DO DIA

Questionamento • Criatividade • Inovação

AÇÃO DO DIA

Observe hoje algo que todos fazem igual e pergunte-se: "Como eu faria diferente?".

Hoje a principal realização do meu dia será:

10 de julho

Faça sem Esperar

"Não espere que as pessoas façam por você o que você faria por elas."

Augusto Cury

Esperar que os outros ajam com a mesma entrega que você é receita para frustração. Cada um dá o que tem, e nem sempre é o que você ofereceria. Aja por amor, não por expectativa.

PALAVRA DO DIA

Entrega

AÇÃO DO DIA

Liste três formas de agir por generosidade pura, sem esperar retorno.

....

....

....

....

Hoje a principal realização do meu dia será: ....

....

....

....

11 de julho

Orgulho que Cega

"Os que acreditam sempre estar certos são incapazes de corrigir as suas rotas ou superar as suas loucuras."

Augusto Cury

Quem se julga dono da verdade fica preso em sua própria cegueira. A humildade é a chave que abre portas que o orgulho mantém fechadas.

PALAVRAS DO DIA

Humildade • Crescimento

AÇÃO DO DIA

Escolha uma área em que você costuma insistir em estar certo e reflita: como seria olhar para ela com curiosidade em vez de rigidez?

Hoje a principal realização do meu dia será:

12 de julho

O Erro dos Outros

"Uma pessoa inteligente aprende com os seus erros. Uma pessoa sábia aprende com os erros dos outros."

Augusto Cury

Errar ensina, mas observar ensina ainda mais. Quem aprende com a dor alheia caminha mais leve e mais longe.

PALAVRAS DO DIA

Sabedoria • Aprendizado

AÇÃO DO DIA

Relembre um erro que você já evitou por ter visto outra pessoa passar por ele. Celebre sua consciência e atenção.

Hoje a principal realização do meu dia será:

13 de julho

O Único Milagre

"Não há milagres, só o milagre da vida."

Augusto Cury

Muitas vezes esperamos algo extraordinário, mas esquecemos que o simples fato de respirar já é milagre. O comum se revela divino quando o olhar desperta.

PALAVRAS DO DIA

Presença • Gratidão

AÇÃO DO DIA

Liste três aspectos da sua rotina que parecem banais, mas que só existem porque você está vivo.

Hoje a principal realização do meu dia será:

14 de julho

Eterno Aprendiz

"Um ser humano é verdadeiramente grande quando se torna um eterno aprendiz para crescer de forma sustentável."

Augusto Cury

Grandeza não está em saber tudo, mas em nunca deixar de aprender. Quem se reconhece aprendiz mantém viva a curiosidade e cresce de forma sólida, sem pressa e sem ostentação.

PALAVRAS DO DIA

Humildade • Evolução

AÇÃO DO DIA

Anote algo novo que você aprendeu nesta semana e como isso pode transformar pequenas escolhas no futuro.

....

....

....

Hoje a principal realização do meu dia será: ....

....

....

....

15 de julho

Mais Gratidão

"Somos rápidos para reclamar e lentos para agradecer."

Augusto Cury

A pressa em reclamar nos rouba a chance de enxergar o que já deu certo. A gratidão muda o tom da vida e abre espaço para novas alegrias.

PALAVRAS DO DIA

Consciência • Gratidão

AÇÃO DO DIA

Escreva hoje três coisas pelas quais você é grato e perceba como muda sua energia ao reler a lista.

....

....

....

....

Hoje a principal realização do meu dia será: ....

....

....

....

16 de julho

Ressignificar

"Ser feliz não é ter uma vida perfeita, mas usar as lágrimas para irrigar a tolerância. Usar as perdas para refinar a paciência. Usar as falhas para lapidar o prazer. Usar os obstáculos para abrir as janelas da inteligência."

Augusto Cury

A felicidade não nasce da perfeição, mas da arte de transformar dores em sementes. É a alquimia da vida: transmutar peso em luz.

PALAVRAS DO DIA

Transformação • Resiliência

AÇÃO DO DIA

Escolha uma perda ou falha recente e descreva uma forma de transformá-la em algo útil para o seu crescimento.

....

....

....

Hoje a principal realização do meu dia será: ....

....

....

17 de julho

QUALIDADE DE VIDA

"Quem é exigente com a qualidade dos produtos, mas não com a sua qualidade de vida, trai a sua própria felicidade."

Augusto Cury

De que adianta escolher o melhor no mercado se dentro de si o descuido reina? Cuidar da própria qualidade de vida é o maior investimento; sem isso, qualquer conquista perde sabor.

PALAVRAS DO DIA

AUTOCUIDADO • PRIORIDADES

AÇÃO DO DIA

Reflita sobre uma área da sua vida para a qual você poderia dedicar mais cuidado. Escreva um pequeno passo para melhorar isso.

....

....

....

Hoje a principal realização do meu dia será: ....

....

....

....

18 de julho

Somos Falhos

"Devemos ter consciência de que somos uma massa de seres humanos imperfeitos, vivendo em uma sociedade de pessoas imperfeitas."

Augusto Cury

A perfeição é um mito que só gera frustração. Somos todos falhos, tentando acertar em meio ao caos coletivo. Aprenda a viver com mais compaixão.

PALAVRAS DO DIA

Tolerância • Empatia

AÇÃO DO DIA

Escreva um assunto no qual sua crítica ou autocrítica aparecem com força. Busque refletir como isso também revela sua humanidade.

Hoje a principal realização do meu dia será:

19 de julho

O Corpo Fala

"Alguns só ouvem a voz de seu corpo quando chegam ao ponto de irem parar no hospital."

Augusto Cury

O corpo fala em sussurros antes de gritar. Ignorar o cansaço, a dor ou os limites é negligenciar a própria essência. Lembre-se: você é insubstituível.

PALAVRAS DO DIA

Autocuidado • Consciência • Saúde

AÇÃO DO DIA

Escolha hoje um gesto de cuidado simples e se comprometa a praticá-lo conscientemente.

....

....

....

....

Hoje a principal realização do meu dia será: ....

....

....

....

20 de julho

Reescrever e Reeditar

"Um dos papéis mais inteligentes do Eu como autor da própria história é reescrever seu passado, reeditar o filme do inconsciente."

Augusto Cury

Não podemos mudar o que aconteceu, mas podemos gerar novos significados que transformem dores em capítulos de aprendizado.

PALAVRAS DO DIA

Consciência • Autoria

AÇÃO DO DIA

Imagine seu passado como um filme: qual cena você gostaria de reeditar hoje e por quê?

....

....

....

....

Hoje a principal realização do meu dia será: ....

....

....

....

21 de julho

O Palco é Seu

"Somos tímidos espectadores quando deveríamos ser ágeis atores."

Augusto Cury

A vida não acontece na plateia. Quem apenas observa deixa que outros escrevam o roteiro. O palco é de quem arrisca, erra e improvisa.

PALAVRA DO DIA

Coragem

AÇÃO DO DIA

Pense em algo que você evita por medo de errar.
Hoje, tenha um pequeno ato de coragem.

....

....

....

....

Hoje a principal realização do meu dia será: ....

....

....

....

22 de julho

Choque de Lucidez

"Devemos duvidar de tudo o que nos controla, criticar diariamente cada pensamento perturbador, dar um choque de lucidez em nossas emoções doentias."

Augusto Cury

Não se curve a pensamentos que escravizam. Avalie tudo o que há de distorcido em sua mente. A dúvida, aqui, não enfraquece: ela liberta.

PALAVRAS DO DIA

Pensamento crítico • Reflexão

AÇÃO DO DIA

Anote hoje um pensamento perturbador que passou pela sua mente e escreva uma forma mais lúcida de enxergá-lo.

Hoje a principal realização do meu dia será:

23 de julho

Alimentando a Alma

*"Alimente sua alma com o que te inspira,
não com o que te consome."*

Augusto Cury

Tudo o que você escolhe absorver vira alimento da sua alma. Encha-se de palavras, pensamentos e atitudes agradáveis, e procure desprender-se do que consome sua energia.

PALAVRAS DO DIA

Alma • Escolhas

AÇÃO DO DIA

Escreva uma lista de cinco coisas que te inspiram e comprometa-se a incluir ao menos uma delas no seu dia.

Hoje a principal realização do meu dia será:

24 de julho

Maturidade e Coragem

"É necessário ter maturidade para falar 'Eu errei' e ter coragem para dizer 'Perdoe-me'."

Augusto Cury

O orgulho afasta, a humildade aproxima. Ao abrir o coração e pedir desculpas, o sábio constrói pontes de valor inestimável.

PALAVRA DO DIA

Humildade

AÇÃO DO DIA

Escreva um erro recente que você reconhece e o que aprendeu com ele.

....

....

....

....

Hoje a principal realização do meu dia será: ....

....

....

....

....

25 de julho

O Pior Cárcere

"O pior cárcere não é o que aprisiona o corpo, mas o que asfixia a mente e algema a emoção."

Augusto Cury

Existem prisões sem grades: aquelas que sufocam o pensamento e acorrentam o sentir. Quando a mente se estreita e a emoção se cala, a vida perde ar. A verdadeira liberdade nasce de dentro.

PALAVRAS DO DIA

Consciência • Reflexão

AÇÃO DO DIA

Liste duas práticas que ajudam você a expandir a mente ou aliviar as emoções.

....

....

....

....

Hoje a principal realização do meu dia será: ....

....

....

....

26 de julho

Forasteiro

"Muitos dos que têm morada certa passam pela existência sem nunca percorrer as avenidas do seu próprio ser. São forasteiros para si mesmos."

Augusto Cury

De nada adianta ter certezas ou posses se dentro de você mora um desconhecido. Olhe para dentro e abra os braços para receber o seu Eu. Cada um de nós é único à sua própria maneira.

PALAVRA DO DIA

Autoconhecimento

AÇÃO DO DIA

Reserve 5 minutos hoje para um passeio interior:
apenas respire e observe seus pensamentos.
O que você aprendeu sobre si nessa experiência?

....

....

....

Hoje a principal realização do meu dia será: ....

....

....

27 de julho

Perseverança

"A perseverança é tão importante quanto a habilidade intelectual."

Augusto Cury

O talento e a inteligência podem abrir portas, mas só a perseverança mantém o passo firme até o fim da estrada. Persistir é transformar potencial em realidade.

PALAVRA DO DIA

Perseverança

AÇÃO DO DIA

Escolha uma meta atual e anote um pequeno hábito que você pode repetir diariamente para sustentar sua perseverança.

Hoje a principal realização do meu dia será:

28 de julho

Grande Sonho

"Se você tiver grandes sonhos, seus erros produzirão crescimento, seus desafios produzirão oportunidades, seus medos produzirão coragem."

Augusto Cury

Grandes sonhadores transformam tropeços em degraus. Ainda que se depare com obstáculos, a confiança impedirá de desistir.

PALAVRAS DO DIA

Motivação • Persistência

AÇÃO DO DIA

Pense em um desafio atual e descreva uma oportunidade escondida dentro dele.

Hoje a principal realização do meu dia será:

29 de julho

Criança e Adulto

"Ser feliz é sentir como criança e pensar como adulto."

Augusto Cury

A felicidade nasce do encontro entre inocência e consciência. Sorria com a leveza da juventude, mas caminhe com a clareza da maturidade.

PALAVRAS DO DIA

Leveza • Lucidez

AÇÃO DO DIA

Qual foi a última vez que você se permitiu sentir como criança? Como se abrir para esse sentimento contribuiu para a sua maturidade?

Hoje a principal realização do meu dia será:

30 de julho

Levantar, Lutar, Reinventar

"Quem não tem autoestima não tem coragem para se levantar, força para lutar ou criatividade para se reinventar."

Augusto Cury

A autoestima é o alicerce invisível de toda conquista. Sem ela, a vida pesa e o medo domina. Valorize-se como o ser único que você é.

PALAVRAS DO DIA

Amor-próprio • Coragem

AÇÃO DO DIA

Realize hoje um gesto simples de autocuidado para se fortalecer. Faça por você.

Hoje a principal realização do meu dia será:

31 de julho

PROTEGER OS FRACOS

*"Forte não é quem devora os fracos,
mas quem os protege."*

Augusto Cury

A verdadeira força está em amparar, pois não é fácil desprender-se de si mesmo e ajudar ao próximo. Quem cuida dos fracos investe no próprio crescimento. Compartilhe para multiplicar!

PALAVRAS DO DIA

EMPATIA • ACOLHIMENTO • ALTRUÍSMO

AÇÃO DO DIA

Escolha hoje uma forma simples de proteger ou cuidar de alguém mais vulnerável ao seu redor.

Hoje a principal realização do meu dia será:

AGOSTO

* * *

1º de agosto

Amar-se para Amar

"Só quem tem um romance com a própria história poderá amar a história dos outros."

Augusto Cury

Quem se reconcilia com o seu interior, quem valoriza o que já viveu, descobre beleza até nas páginas difíceis. Só assim pode encontrar beleza também no enredo dos outros.

PALAVRAS DO DIA

Amor-próprio • Acolhimento • Conexão

AÇÃO DO DIA

Reflita sobre alguém cuja história você admira: o que no seu próprio percurso permite que você compreenda essa pessoa mais a fundo?

....

....

....

....

Hoje a principal realização do meu dia será: ....

....

....

....

2 de agosto

O Diálogo Mais Urgente

"Na era da internet, falamos com o mundo, mas temos grandes dificuldades em falar conosco."

Augusto Cury

Estamos sempre conectados, mas raramente em sintonia conosco, pois a voz interior se perde no ruído das telas. O diálogo mais urgente desta era digital é feito entre você e o seu Eu.

PALAVRAS DO DIA

Consciência • Autoconhecimento

AÇÃO DO DIA

Desligue as telas por dez minutos e escreva livremente o que vier da sua mente.

Hoje a principal realização do meu dia será:

3 de agosto

O Solo do Amor

"O amor nasce no solo da liberdade e cresce no terreno da confiança."

Augusto Cury

Amor não floresce em terra de posse ou medo. É só na liberdade que ele germina, e é com a confiança que ele cria raízes firmes.

PALAVRA DO DIA

Conexão

AÇÃO DO DIA

Liste duas atitudes suas que ajudam a cultivar confiança em quem você ama.

Hoje a principal realização do meu dia será:

4 de agosto

Inspirar, Não Controlar

"Ninguém pode mudar ninguém. O desejo de mudança deve nascer dentro de cada pessoa."

Augusto Cury

Podemos inspirar, mas não controlar. A mudança só funciona de dentro para fora, movida por desejo verdadeiro. Forçar alguém é inútil; oferecer exemplo é poderoso.

PALAVRAS DO DIA

Autonomia • Mudança

AÇÃO DO DIA

Reflita sobre uma mudança que você só conseguiu realizar quando realmente quis. Escreva o que despertou esse desejo.

....

....

....

....

Hoje a principal realização do meu dia será: ....

....

....

....

5 de agosto

A Beleza da Cicatriz

"Toda cicatriz é um lembrete de que a dor passou e a vida continuou."

Augusto Cury

A cicatriz é uma prova de resistência. Ela guarda a memória da dor, mas também a vitória de ter atravessado.

PALAVRA DO DIA

Resiliência

AÇÃO DO DIA

Reflita sobre uma cicatriz física ou emocional. O que ela te ensinou?

....

....

....

....

Hoje a principal realização do meu dia será: ....

....

....

....

....

6 de agosto

SENSATEZ

"Não há ser humano lúcido que não reaja eventualmente com estupidez."

Augusto Cury

Somos todos imperfeitos. Você vai frustrar as pessoas próximas e elas irão frustrá-lo. Por isso, o código da tolerância não é uma opção nas relações humanas, mas uma necessidade insubstituível.

PALAVRAS DO DIA

TOLERÂNCIA • HUMILDADE • SABEDORIA

AÇÃO DO DIA

Anote uma situação recente em que alguém próximo reagiu com estupidez, e uma em que você fez o mesmo. Como a tolerância poderia ter suavizado cada uma dessas experiências?

Hoje a principal realização do meu dia será:

7 de agosto

Reinvente-se

"Reinvente-se, pois todos somos imperfeitos."

Augusto Cury

A imperfeição não é um defeito, é um convite ao movimento. Sempre há algo a ajustar, a recriar, a transformar. Quem se reinventa prova que a vida é mais arte em construção do que obra acabada.

PALAVRAS DO DIA

Transformação • Movimento

AÇÃO DO DIA

Escreva uma área da sua vida em que você sente vontade de se reinventar e descreva o primeiro passo possível.

Hoje a principal realização do meu dia será:

8 de agosto

Oração do Silêncio

"Sem a oração do silêncio é impossível pensar antes de reagir. Sem pensar antes de reagir é impossível não cometer erros crassos."

Augusto Cury

É no silêncio que a mente respira antes do impulso.
Reagir sem pensar leva você a repetir erros evitáveis.
Pausar é poder: só quem se recolhe encontra clareza.

PALAVRAS DO DIA

Reflexão • Sabedoria

AÇÃO DO DIA

Relembre uma situação em que reagiu no impulso e se arrependeu.
Escreva como o silêncio teria mudado a cena.

....

....

....

Hoje a principal realização do meu dia será: ....

....

....

....

9 de agosto

Ser Sábio

"Ser sábio é aprender a usar cada dor como uma oportunidade para aprender lições, cada erro como uma ocasião para corrigir rotas, cada fracasso como uma chance para recomeçar."

Augusto Cury

A sabedoria não elimina dores, erros ou fracassos, mas pode transformá-los. A vida se ilumina quando escolhemos aprender em vez de desistir.

PALAVRAS DO DIA

Sabedoria • Aprendizado

AÇÃO DO DIA

Pense no último erro que você cometeu.
Que lição você pode tirar dessa experiência?

Hoje a principal realização do meu dia será:

10 de agosto

Jardim Mental

"Cada ideia, pensamento, reação ansiosa, momento de solidão ou período de insegurança fica registrado em sua memória e passa a fazer parte da colcha de retalhos da sua história existencial, do filme da sua vida."

Augusto Cury

O registro das nossas memórias é feito de maneira involuntária. Por isso, é importante tomar cuidado com o que você permite fazer parte da sua vida. Cuidar do jardim mental é escolher o que regar.

PALAVRAS DO DIA

Consciência • Memória

AÇÃO DO DIA

Reflita sobre sua rotina. De que forma você pode cuidar do seu jardim mental, eliminando as ervas daninhas? Como regar as emoções que provocam crescimento interno?

Hoje a principal realização do meu dia será:

11 de agosto

Amigos

"Um homem sem amigos é uma terra sem umidade, uma manhã sem orvalho, um céu sem nuvens."

Augusto Cury

Os amigos não são os que nos bajulam, mas os que desmistificam nosso heroísmo e revelam nossa fragilidade. Uma Mente sem amigos é um livro sem leitores.

PALAVRA DO DIA

Conexão

AÇÃO DO DIA

Reflita sobre suas amizades. Agora, escreva cinco qualidades que você aprecia em um amigo.

....

....

....

....

Hoje a principal realização do meu dia será: ....

....

....

....

12 de agosto

Desvendar o Desconhecido

"Perambulamos apreensivos durante algumas dezenas de anos em nossa breve trajetória existencial usando o aparelho psíquico para tentar desvendar o desconhecido, em especial a vida."

Augusto Cury

Passamos boa parte da vida inquietos, tentando decifrar o que nunca terá respostas completas. Mas é o mistério que torna a vida realmente fascinante.

PALAVRAS DO DIA

Reflexão • Questionamento • Sentido da vida

AÇÃO DO DIA

Em vez de buscar uma resposta para o desconhecido, como você poderia apreciar o próprio mistério?

....

....

....

Hoje a principal realização do meu dia será: ....

....

....

13 de agosto

Atravessar o Breu

"Quem quer o brilho do Sol tem de ser resiliente para atravessar o breu da soturna noite."

Augusto Cury

Por mais longa que a noite seja, sempre será apenas o prelúdio do amanhecer. Ser resiliente é confiar que, ainda que nossas dificuldades machuquem, tudo sempre ficará bem no final.

PALAVRAS DO DIA

Resiliência • Esperança

AÇÃO DO DIA

Hoje, quando algo parecer escuro, anote uma pequena lembrança de que nada é eterno, nem a noite.

Hoje a principal realização do meu dia será:

14 de agosto

Aprisionar ou Libertar

"O conformista se aprisiona no passado, o ativista se liberta do presente."

Augusto Cury

Muitos aceitam passivamente as dificuldades psíquicas. O perigo mora em não compreender que somos agentes transformadores do nosso próprio mundo. O passado deve servir de lição, não de prisão.

PALAVRAS DO DIA

Superação • Agência • Aprendizado

AÇÃO DO DIA

Anote três pequenas atitudes que você pode tomar hoje para se libertar de algo que te prende.

....

....

....

....

Hoje a principal realização do meu dia será: ....

....

....

....

15 de agosto

Amor e Liberdade

"Ser livre é ter um caso de amor com a própria existência e desvendar seus mistérios."

Augusto Cury

Olhe para a vida como quem vive um romance: seja curioso, apaixonado, aberto ao inesperado. Assim, encontrará leveza, alegria e a própria liberdade.

PALAVRAS DO DIA

Entusiasmo • Curiosidade

AÇÃO DO DIA

De que forma você pode se encantar ainda mais pela vida, desprendendo-se de suas preocupações?

Hoje a principal realização do meu dia será:

16 de agosto

Monstros

"Em nossa mente há monstros que nos assombram, preocupações que nos asfixiam, fantasmas emocionais que nos apavoram, cárceres mentais que nos aprisionam."

Augusto Cury

Carregamos prisões invisíveis dentro de nós: ansiedades que sufocam, memórias que assombram, fantasmas que voltam sem aviso. Reconhecer as grades é o primeiro passo para quebrá-las.

PALAVRAS DO DIA

Autoconhecimento • Gestão da emoção

AÇÃO DO DIA

Escreva uma atitude que você pode tomar hoje para derrubar ao menos uma grade das prisões de sua mente.

Hoje a principal realização do meu dia será:

17 de agosto

Liberdade da Mente

"Podem calar a minha voz, mas não os meus pensamentos! Podem acorrentar o meu corpo, mas não a minha mente!"

Augusto Cury

Pensar é um ato de resistência. Sua mente é o único lugar em que você não pode ser silenciado, portanto agarre-se sempre a essa liberdade.

PALAVRAS DO DIA

Pensamento • Liberdade

AÇÃO DO DIA

Escreva uma ideia ou convicção que te sustenta mesmo quando o mundo tenta te calar.

....

....

....

....

Hoje a principal realização do meu dia será: ....

....

....

....

18 de agosto

A Sabedoria dos Pássaros

"Usemos a sabedoria dos pássaros. Enfrentam as tempestades, sofrem perdas. Pela manhã, têm todos os motivos para entristecer e reclamar, mas cantam agradecidos a Deus por mais um dia."

Augusto Cury

Não há como fugir das dificuldades, mas não podemos deixá-las calarem nossas alegrias. Mesmo ferido, escolha a gratidão e transforme cada manhã em renascimento.

PALAVRAS DO DIA

Gratidão • Resiliência

AÇÃO DO DIA

Qual ato de gratidão que você pode realizar hoje apesar das dificuldades que anda enfrentando?

Hoje a principal realização do meu dia será:

19 de agosto

Vencer sem Revidar

"Dar a outra face não é sinônimo de fragilidade, mas de força. Não é sinônimo de estupidez, mas de lucidez."

Augusto Cury

Responder com calma quando o mundo espera violência exige mais coragem do que apenas revidar. Transforme cada conflito em um ato de grandeza interior.

PALAVRAS DO DIA

Grandeza • Escolhas

AÇÃO DO DIA

Identifique uma área da sua vida onde a calma pode ser sua maior arma. Anote um gesto prático para exercitá-la.

Hoje a principal realização do meu dia será:

20 de agosto

Fracassos de Desafios

"Nossos fracassos e desafios ajudam a alimentar nossos sonhos."

Augusto Cury

Fracassar dói, mas também afia o olhar: mostra onde é preciso mudar de rota. Cada queda dá músculos para a próxima tentativa. Nossos sonhos precisam de construção rígida para deixarem de ser meras fantasias.

PALAVRAS DO DIA

Construção • Motivação • Resiliência

AÇÃO DO DIA

Descreva como um desafio pelo qual esteja passando pode servir de treino para o futuro que você deseja.

....

....

....

....

Hoje a principal realização do meu dia será: ....

....

....

....

21 de agosto

Repousar Dentro de Si

"Só dorme bem quem aprende primeiramente a repousar dentro de si."

Augusto Cury

O sono só chega de verdade quando a gente aprende a desligar a cobrança e se acolher por dentro. Paz interior é o travesseiro mais macio.

PALAVRAS DO DIA

Autocuidado • Paz interior

AÇÃO DO DIA

Pense em três atitudes que você pode tomar hoje para acolher a si mesmo. Quando for dormir, repare se esse acolhimento permitiu que você descansasse melhor.

Hoje a principal realização do meu dia será:

22 de agosto

A Arte de Pensar

"A arte de pensar é o tesouro dos sábios."

Augusto Cury

Pensar não é ficar remoendo preocupações, mas aprender a enxergar ângulos novos. Quem cultiva essa arte carrega dentro de si uma riqueza que não pode ser roubada.

PALAVRAS DO DIA

Consciência • Sabedoria

AÇÃO DO DIA

Observe seus pensamentos por 3 minutos em silêncio. Anote o que mais apareceu e as reflexões que vão te ajudar neste dia.

Hoje a principal realização do meu dia será:

23 de agosto

Criar Problemas

"O ser humano é tão criativo que, quando não tem problemas, ele os cria."

Augusto Cury

A mente odeia ficar parada. Quando não encontra desafios reais, inventa preocupações, aumenta detalhes, fabrica tempestades. Não permita que essa energia se torne autossabotagem.

PALAVRAS DO DIA

Energia mental • Autossabotagem

AÇÃO DO DIA

Anote três preocupações atuais e questione: são reais ou fabricadas pela sua mente ociosa?

Hoje a principal realização do meu dia será:

24 de agosto

Coragem de Errar

"Melhor é errar por tentar do que errar por se omitir."

Augusto Cury

Quando você tenta, ainda que falhe, absorverá lições.
Não agir, por medo, só acumula arrependimento.

PALAVRAS DO DIA

Ousadia • Movimento

AÇÃO DO DIA

Escreva uma situação em que você se calou ou se escondeu.
Reflita: o que teria aprendido se tivesse tentado?

....

....

....

....

Hoje a principal realização do meu dia será: ....

....

....

....

....

25 de agosto

Perdas

"Perdas sempre nos acompanharão; o que nos diferencia é o que fazemos com elas."

Augusto Cury

Perdas são inevitáveis. Cabe a você decidir se a dor se tornará peso ou degrau. Uns carregam cinzas; outros usam as mesmas cinzas para acender nova chama.

PALAVRAS DO DIA

Resiliência • Superação • Sabedoria

AÇÃO DO DIA

Pense em algo que você pode criar ou iniciar hoje em homenagem a uma perda passada.

....

....

....

....

Hoje a principal realização do meu dia será: ....

....

....

....

26 de agosto

Nova Chance

"Os frágeis recuam, mas os fortes dão sempre uma nova chance a si mesmos."

Augusto Cury

A força não mora na ausência de quedas, mas na capacidade de se levantar de novo. Quem se dá outra chance descobre sua verdadeira grandeza.

PALAVRAS DO DIA

Resiliência • Persistência

AÇÃO DO DIA

Anote como você dará a si mesmo uma nova chance de recomeçar.

Hoje a principal realização do meu dia será:

27 de agosto

Limitações

"Sábio não é quem declara os seus sucessos, mas quem reconhece as suas limitações."

Augusto Cury

É muito fácil anunciar uma vitória, é gratificante receber os aplausos. Mas o que nos faz crescer de verdade é compreender nossas fragilidades e ter humildade para pedir ajuda.

PALAVRAS DO DIA

Humildade • Autoconhecimento

AÇÃO DO DIA

Reflita sobre suas limitações. De que forma você pode pedir ajuda a quem está ao seu redor para que todos cresçam juntos?

Hoje a principal realização do meu dia será:

28 de agosto

Admiração

"O amor começa pela emoção e só continua se houver admiração."

Augusto Cury

A faísca do amor é acendida pelos sentimentos, mas a chama não dura se não houver respeito. Cada relacionamento envolve doação e esforço.

PALAVRAS DO DIA

Conexão • Respeito

AÇÃO DO DIA

Pense em um relacionamento do seu dia a dia. Escreva três coisas que você respeita nessa pessoa.

....

....

....

....

Hoje a principal realização do meu dia será: ....

....

....

....

29 de agosto

Tropeços

"Não tenha medo dos tropeços da jornada."

Augusto Cury

Todos iremos tropeçar, mas não permita que isso o impeça de começar caminhos novos. Cada erro, equívoco ou deslize é apenas um lembrete de que estamos seguindo em movimento.

PALAVRA DO DIA

Resiliência

AÇÃO DO DIA

Qual foi a última vez que você tropeçou?
De que forma você se levantou e continuou andando?

Hoje a principal realização do meu dia será:

30 de agosto

Disfarces da Loucura

"As loucuras só podem ser tratadas quando abandonam seus disfarces."

Augusto Cury

Problemas escondidos não deixam de existir. Pelo contrário, apenas fincam suas raízes ainda mais fundo. Para tratá-los é necessário expô-los à luz, remover suas máscaras.

PALAVRAS DO DIA

Consciência • Cuidado

AÇÃO DO DIA

Observe seu interior. Qual é um problema ou falha que você tem disfarçado com medo de julgamento? De que forma você pode começar a tratá-lo?

Hoje a principal realização do meu dia será:

31 de agosto

Mente Livre, Emoção Saudável

"Desenvolver uma mente livre e uma emoção saudável não é algo comum, mas é fundamental."

Augusto Cury

Muitos vivem presos, reagindo sem clareza. Treinar a liberdade de pensar e a saúde de sentir é raro, mas é o que separa uma vida automática de uma vida plena.

PALAVRAS DO DIA

Consciência • Autodesenvolvimento

AÇÃO DO DIA

Anote uma crença ou ideia que você segue sem questionar. Reflita sobre ela. Ainda faz sentido?

....

....

....

....

Hoje a principal realização do meu dia será: ....

....

....

....

SETEMBRO

* * *

1º de setembro

Investir na Saúde Psíquica

"A tarefa de explorar e investir em sua saúde psíquica é exclusivamente sua. Ela é intransferível."

Augusto Cury

Ninguém pode respirar por você, e ninguém pode cuidar da sua mente no seu lugar. Terapia, leitura, pausas, silêncio: são escolhas que só você pode fazer. Não desista de si!

PALAVRAS DO DIA

Autocuidado • Saúde psíquica

AÇÃO DO DIA

Liste três hábitos que ajudam sua saúde mental e três que a prejudicam.

Hoje a principal realização do meu dia será:

2 de setembro

Força Humana

"Independentemente dos penhascos que temos de escalar, cada ser humano possui uma força incrível."

Augusto Cury

Dentro de cada pessoa há reservas de energia que só aparecem quando a subida parece impossível. O penhasco é grande, mas a força humana é maior, e muitas vezes só descobrimos isso no ato de escalar.

PALAVRA DO DIA

Resiliência

AÇÃO DO DIA

Relembre um desafio e anote como você encontrou forças que nem sabia que tinha.

Hoje a principal realização do meu dia será:

3 de setembro

Sensibilidade

"As pessoas sensíveis sofrem mais, mas também amam mais e sonham mais."

Augusto Cury

A sensibilidade corta fundo nas dores, mas também abre espaço para enxergar cores que outros não veem. Quem sente muito vive mais intensamente.

PALAVRAS DO DIA

Intensidade • Entrega

AÇÃO DO DIA

Reflita: de que forma você pode aguçar sua sensibilidade para ampliar suas emoções?

....

....

....

....

Hoje a principal realização do meu dia será: ....

....

....

....

4 de setembro

Abandono Interno

"Se a sociedade nos abandona, a solidão é tratável; mas, se nós próprios nos abandonamos, ela é quase incurável."

Augusto Cury

Quando você para de se ouvir, de se cuidar, de se querer bem, o peso do abandono é insuportável. A solidão de fora se vence com encontros; a de dentro, só se vence voltando a ser seu próprio aliado.

PALAVRAS DO DIA

Amor próprio • Autocuidado

AÇÃO DO DIA

Escreva uma mensagem para si mesmo, dizendo como sempre estará ali para acolher-se.

....

....

....

Hoje a principal realização do meu dia será: ....

....

....

....

5 de setembro

Irrigar a Alegria

"Ser feliz é chorar sem medo,
mas usar as lágrimas para irrigar a alegria."

Augusto Cury

Entregar-se ao pranto é abrir espaço em seu coração. As lágrimas lavam a dor e preparam o terreno para que a alegria volte a florescer.

PALAVRAS DO DIA

Transformação • Resiliência

AÇÃO DO DIA

Relembre a última vez que chorou. Escreva não só a dor, mas o que mudou em você depois daquele momento.

Hoje a principal realização do meu dia será:

6 de setembro

Pensar com Clareza

"Critique todo pensamento angustiante, toda ideia pessimista e preocupação excessiva."

Augusto Cury

A mente pode criar histórias que aumentam o medo e encolhem a esperança. Questionar a angústia e duvidar do pessimismo é como desligar o microfone do inimigo interno para ouvir sua própria voz com clareza.

PALAVRAS DO DIA

Consciência • Pensamentos

AÇÃO DO DIA

Identifique uma ideia pessimista e transforme-a em uma pergunta construtiva: "E se der certo?".

Hoje a principal realização do meu dia será:

7 de setembro

Construir a Liberdade

"Não basta desejar ser livre,
é necessário construir a liberdade."

Augusto Cury

Desejar a liberdade é só o início. A liberdade verdadeira exige escolhas, esforço, limites bem postos e coragem de cortar correntes.

PALAVRAS DO DIA

Consciência • Construção • Autonomia

AÇÃO DO DIA

Escolha uma área da vida e escreva o que seria um passo concreto rumo a mais autonomia.

....

....

....

....

Hoje a principal realização do meu dia será: ....

....

....

....

8 de setembro

A INTELIGÊNCIA DOS FORTES

"Os frágeis usam a força; os fortes, a inteligência."

Augusto Cury

Quem é inseguro tenta intimidar ou vencer pelo grito grita. Mas a verdadeira força aparece no silêncio estratégico. A inteligência é a arma que não precisa ferir para vencer.

PALAVRAS DO DIA

SABEDORIA • AUTOCONTROLE

AÇÃO DO DIA

Imagine um conflito atual e anote três formas inteligentes de lidar com ele sem confronto direto.

....

....

....

....

Hoje a principal realização do meu dia será: ....

....

....

....

....

9 de setembro

A Linguagem da Alma

*"O silêncio é a linguagem da alma.
Nele, encontramos respostas que o barulho esconde."*

Augusto Cury

Entre notificações, vozes e ruídos, a alma quase nunca consegue falar. É no silêncio que surgem respostas sutis: clareza, intuições, direções que estavam abafadas. O barulho distrai; o silêncio revela.

PALAVRAS DO DIA

Atenção plena • Consciência

AÇÃO DO DIA

Desligue tudo por 5 minutos e apenas escute sua respiração.
Depois anote o que sentiu nesse intervalo.

Hoje a principal realização do meu dia será:

10 de setembro

À Procura de Nós Mesmos

"Andamos no traçado do tempo à procura de nós mesmos."

Augusto Cury

Cada passo nosso deixa marcas que ajudam a desenhar quem somos. Nos encontramos aos poucos, nas escolhas, nas pausas, nos desvios. Procurar a si mesmo é a viagem mais longa e, ao mesmo tempo, a mais necessária.

PALAVRA DO DIA

Autoconhecimento

AÇÃO DO DIA

Escreva um momento em que você sentiu ter se encontrado consigo mesmo. O que aprendeu com essa experiência?

....

....

....

Hoje a principal realização do meu dia será: ....

....

....

....

11 de setembro

Monstros Escondidos

"Pessoas brandas também alojam monstros nos recônditos de sua mente."

Augusto Cury

A doçura exterior não elimina as sombras internas. Mesmo os mais gentis carregam raivas guardadas, desejos ocultos, dores mal resolvidas. Não deixe que o que você reprime vire veneno.

PALAVRAS DO DIA

Consciência • Reflexão

AÇÃO DO DIA

Escreva um sentimento negativo que você costuma esconder dos outros e reflita sobre como ele te afeta por dentro.

....

....

....

....

Hoje a principal realização do meu dia será: ....

....

....

....

12 de setembro

Trinta Segundos

"É nos primeiros trinta segundos de tensão que cometemos os maiores erros."

Augusto Cury

Em apenas meio minuto de explosão, palavras viram armas e atitudes deixam cicatrizes. Pausar antes de reagir pode ser a diferença entre se arrepender e se orgulhar.

PALAVRAS DO DIA

Autocontrole • Reflexão

AÇÃO DO DIA

Relembre um erro cometido no calor do momento e escreva como teria sido diferente se tivesse esperado meio minuto.

....

....

....

....

Hoje a principal realização do meu dia será: ....

....

....

....

13 de setembro

Cultivo Diário

"A liberdade interior não é privilégio de especialistas. Qualquer pessoa, em qualquer idade ou cultura, pode cultivá-la e aprender a viver com leveza e serenidade."

Augusto Cury

A liberdade interior é um hábito. Lapidar os pensamentos e compreender as emoções são o que moldam a alma livre.

PALAVRAS DO DIA

Escolhas • Hábito

AÇÃO DO DIA

Pense no que significa ser livre para você e escolha uma atitude para tomar hoje em direção a essa liberdade.

Hoje a principal realização do meu dia será:

14 de setembro

Conquista Existencial

"Ser feliz não é um acaso do destino, mas uma conquista existencial."

Augusto Cury

A felicidade não vai cair no seu colo. Ela se constrói nas escolhas diárias: na forma como você interpreta os fatos, cuida de si e cultiva o que importa.

PALAVRAS DO DIA

Escolhas • Autonomia

AÇÃO DO DIA

Liste três atitudes simples de hoje que podem aumentar sua sensação de bem-estar.

Hoje a principal realização do meu dia será:

15 de setembro

A Solidão das Redes

"A solidão na era das redes sociais é atroz, densa, asfixiante."

Augusto Cury

Nessa era, é importante saber ter diálogos inteligentes e relaxantes com os outros e com nós mesmos. Caso contrário, seus pensamentos serão em excesso e sem qualidade.

PALAVRAS DO DIA

Conexão • Consciência

AÇÃO DO DIA

Tire um momento do seu dia para ter um diálogo profundo com outra pessoa, longe das telas. O que mudou na sua forma de conversar?

Hoje a principal realização do meu dia será:

16 de setembro

Consciência da Ignorância

"A consciência da própria ignorância é o primeiro passo em direção à sabedoria."

Augusto Cury

Quem se acha dono da verdade fecha portas; quem admite ignorância abre caminhos. A sabedoria começa quando a humildade toma o lugar do orgulho.

PALAVRAS DO DIA

Humildade • Aprendizado

AÇÃO DO DIA

De que forma você pode procurar novas formas de aprendizado hoje?

....

....

....

....

Hoje a principal realização do meu dia será: ....

....

....

....

17 de setembro

Guerras

"Mentes ansiosas fazem guerras com os outros e consigo."

Augusto Cury

Quando a mente não encontra sossego, transforma qualquer detalhe em batalha. A ansiedade cria inimigos externos e internos. A paz que falta no mundo começa pela paz que falta dentro.

PALAVRAS DO DIA

Saúde psíquica • Autocontrole

AÇÃO DO DIA

Anote três situações em que sua ansiedade criou conflito (com alguém ou consigo). Reflita: qual teria sido a resposta da calma?

....

....

....

....

Hoje a principal realização do meu dia será: ....

....

....

....

18 de setembro

A Brevidade da Vida

"Viver é uma experiência única e bela, mas brevíssima."

Augusto Cury

A vida passa rápido. Justamente por isso, temos de compreender nossas limitações e aproveitar cada lágrima, sorriso, sucesso e fracasso como uma oportunidade preciosa de crescer.

PALAVRAS DO DIA

Presença • Autoconhecimento

AÇÃO DO DIA

Liste três coisas simples que você pode saborear hoje como se fossem únicas.

....

....

....

....

Hoje a principal realização do meu dia será: ....

....

....

....

19 de setembro

Maturidade das Escolhas

"Uma pessoa imatura pensa que todas as suas escolhas geram ganhos. Uma pessoa madura sabe que todas as escolhas têm perdas."

Augusto Cury

Ao escolher um caminho, você deixa outros para trás. Isso não é tragédia, é apenas a natureza da vida. Crescer é entender que cada renúncia sustenta a sua decisão.

PALAVRAS DO DIA

Escolhas • Consciência • Maturidade

AÇÃO DO DIA

Anote uma decisão importante que você tomou e liste o que ganhou e o que perdeu com ela.

Hoje a principal realização do meu dia será:

20 de setembro

Consciência

"Quem não é fiel à sua consciência tem uma dívida impagável consigo mesmo."

Augusto Cury

Ao trair os próprios valores, você abdica da própria paz. O sucesso não deve vir a qualquer preço. Conquiste seus objetivos com suor, inteligência e transparência.

PALAVRAS DO DIA

Valores • Honestidade

AÇÃO DO DIA

Reflita sobre os seus valores. Existe alguma área da sua vida em que você os esteja ignorando? De que forma pode retomar a paz interior?

Hoje a principal realização do meu dia será:

21 de setembro

Domesticar a Dor

“Dê as costas para sua dor e ela se tornará um monstro; enfrente-a e poderá domesticá-la.”

Augusto Cury

Quando você ignora o próprio sofrimento, ele cresce no escuro e pode dominar sua vida. É necessário encarar a dor para compreendê-la, e o que assusta pode virar aprendizado.

PALAVRAS DO DIA

Consciência • Coragem • Superação

AÇÃO DO DIA

Pense em uma dor que vem causando aflição em sua vida. Escreva uma frase curta que a transforme em aprendizado ou força.

....

....

....

....

Hoje a principal realização do meu dia será: ....

....

....

....

22 de setembro

Vítima de Si Mesmo

"Quem tem dó de si mesmo constrói seus alicerces psíquicos no vazio."

Augusto Cury

Quem só se vê como vítima não cria base firme para crescer, apenas cava buracos mais fundos. A vida pede compaixão por si, não pena de si.

PALAVRAS DO DIA

Autonomia • Compaixão

AÇÃO DO DIA

Pense em uma vez em que sentiu pena de si mesmo. Como pode transformar esse pensamento para que tenha um tom de compaixão construtiva?

Hoje a principal realização do meu dia será:

23 de setembro

Cofre da Mente

*"Não tenha medo de gerir sua mente
e de abrir o cofre de seu cérebro."*

Augusto Cury

Muitos tratam a própria mente como um quarto trancado: deixam acumular bagunça e evitam acender a luz. O medo de se conhecer rouba tesouros interiores.

PALAVRA DO DIA

Autoconhecimento

AÇÃO DO DIA

Anote um pensamento que você tem evitado encarar.
O que pode aprender com ele?

Hoje a principal realização do meu dia será:

24 de setembro

LONA DOS FRACASSOS

“Todo vencedor já beijou a lona dos fracassos.”

Augusto Cury

Fracassar é o primeiro passo para vencer. É apenas com os erros que você aprende como acertar. A resiliência é a chave para o sucesso.

PALAVRA DO DIA

RESILIÊNCIA

AÇÃO DO DIA

Pense em sua última grande conquista. Agora, anote quantas vezes você falhou antes de enfim alcançar a vitória.

Hoje a principal realização do meu dia será:

25 de setembro

Momentos de Desespero

"Não há ser humano tranquilo que não tenha seus momentos de desespero."

Augusto Cury

O desespero faz parte da natureza humana. Ainda que você conheça a si mesmo e saiba gerenciar as próprias emoções, a angústia pode te derrubar. O importante é pausar, respirar fundo e pensar antes de reagir.

PALAVRAS DO DIA

Autoconhecimento • Gestão da emoção

AÇÃO DO DIA

Crie um plano para gerenciar suas emoções e se preparar para o próximo momento de desespero.

....

....

....

....

Hoje a principal realização do meu dia será: ....

....

....

....

26 de setembro

Reclamar

"Não há sentido em reclamar do que nos falta
e não nos alegrar pelo que temos e somos."

Augusto Cury

A vida fica pesada quando você foca a ausência. Escolha cultivar a gratidão pelo que já conquistou e pela pessoa que se tornou, e viverá com mais leveza.

PALAVRAS DO DIA

Gratidão • Leveza

AÇÃO DO DIA

Reflita sobre a sua vida e anote cinco coisas pelas quais você é grato.

Hoje a principal realização do meu dia será:

27 de setembro

Críticas

"Maturidade é ter coragem para ouvir um 'não' ou receber uma crítica."

Augusto Cury

Quem não suporta um "não" ou uma crítica vive preso à vaidade. Esses desconfortos não nos diminuem; pelo contrário, nos fortalecem. O ouvido dói por um instante, mas a lição ecoa para sempre.

PALAVRAS DO DIA

Humildade • Crescimento

AÇÃO DO DIA

Relembre uma crítica que doeu. Anote o que nela poderia ter sido útil para o seu crescimento.

Hoje a principal realização do meu dia será:

28 de setembro

A Verdadeira Felicidade

"Ser feliz não é ter uma vida perfeita; é exigir menos e se doar mais, criticar pouco e apostar mais, reclamar menos ainda e agradecer muito mais."

Augusto Cury

Perfeição é miragem: quanto mais corremos atrás, mais distante fica. A verdadeira felicidade mora em saber escolher como encarar a vida e agir.

PALAVRAS DO DIA

Escolhas • Gratidão

AÇÃO DO DIA

Reflita: de que forma você pode se doar mais no dia de hoje?

....

....

....

....

Hoje a principal realização do meu dia será: ....

....

....

....

29 de setembro

Alegria e Reflexão

"Nas vitórias, os sábios são amantes da alegria; nas derrotas, são amigos da reflexão."

Augusto Cury

A sabedoria está em saber não apenas celebrar as conquistas como tirar lições dos fracassos. Quando errar, não desanime: reflita sobre o que aconteceu e fortaleça-se para a próxima tentativa.

PALAVRAS DO DIA

Reflexão • Flexibilidade

AÇÃO DO DIA

Reflita sobre a última vez em que cometeu um erro.
Como você poderia ter agido diferente?

....

....

....

....

Hoje a principal realização do meu dia será: ....

....

....

....

30 de setembro

O Risco do Sucesso

"O risco do sucesso é enterrar nossos sonhos e nos tornarmos uma máquina de trabalhar."

Augusto Cury

O sucesso sem equilíbrio é um tipo de derrota: você pode até ganhar status, mas perde a si mesmo. Não permita que o trabalho substitua o seu viver.

PALAVRAS DO DIA

Consciência • Equilíbrio

AÇÃO DO DIA

Escreva sua própria definição de sucesso em uma frase curta.

....

....

....

....

Hoje a principal realização do meu dia será: ....

....

....

....

OUTUBRO

* * *

1º de outubro

Gestão da Emoção

"A gestão da emoção se constrói com treinamento e hábito."

Augusto Cury

É apenas no exercício diário que podemos fortalecer nosso emocional de verdade. Respire fundo e pense antes de agir, levante-se sempre que cair, recomece ainda que esteja cansado.

PALAVRAS DO DIA

Força interior • Gestão da emoção

AÇÃO DO DIA

De que formas você pode trabalhar sua gestão da emoção hoje?

....

....

....

....

Hoje a principal realização do meu dia será: ....

....

....

....

2 de outubro

Propósito

"Sem sonhos, a vida é uma manhã sem orvalhos, um céu sem estrelas, um oceano sem ondas, uma vida sem aventura, uma existência sem sentido."

Augusto Cury

O sonho é o que nos move e dá sentido à nossa existência. Alimente seus sonhos diariamente para que um dia eles parem de ser apenas uma fantasia e se tornem a sua vida real.

PALAVRA DO DIA

Motivação

AÇÃO DO DIA

Escolha um sonho. Qual é um pequeno passo que você pode tomar hoje para alimentá-lo?

Hoje a principal realização do meu dia será:

3 de outubro

Proteger a Mente

*"Os insensíveis não sentem a dor dos outros,
os hipersensíveis sofrem como se fosse sua.
Os insensíveis são algozes dos outros,
os hipersensíveis são carrascos de si mesmos."*

Augusto Cury

É importante saber dosar tudo nesta vida. Tenha empatia e abra seu coração, porém estabeleça limites para proteger também a si mesmo. Você não pode resolver todos os problemas do mundo.

PALAVRAS DO DIA

Consciência • Empatia • Equlíbrio

AÇÃO DO DIA

Relembre uma situação em que você foi insensível e outra em que foi hipersensível. O que poderia ter feito diferente em cada uma?

....

....

....

Hoje a principal realização do meu dia será: ....

....

....

4 de outubro

Espetáculo Imperdível

"Jamais desista de si mesmo. Jamais desista das pessoas que você ama. Jamais desista de ser feliz, pois a vida é um espetáculo imperdível."

Augusto Cury

Desistir de si, dos vínculos que sustentam sua história e da busca pela felicidade é abrir mão do palco da vida. E esse espetáculo, com todos os dramas e alegrias, só pode ser vivido uma vez.

PALAVRAS DO DIA

Perseverança • Encanto

AÇÃO DO DIA

Anote uma coisa que faz sua vida valer a pena hoje e trate-a como prioridade, mesmo que pequena.

Hoje a principal realização do meu dia será:

5 de outubro

Serenidade

"As sociedades modernas vivem tempos insanos.
A serenidade é um artigo de luxo."

Augusto Cury

O mundo corre em ritmo frenético, e a serenidade parece cada vez mais distante. Justamente por isso, buscar calma é um ato de coragem e resistência. Reserve um instante para respirar hoje.

PALAVRAS DO DIA

Paz interior • Autocuidado • Desacelerar

AÇÃO DO DIA

Anote um momento do seu dia em que a pressa domina e escreva uma forma de reduzir o ritmo.

Hoje a principal realização do meu dia será:

6 de outubro

Estrelas Vivas

"Apesar dos nossos defeitos, somos estrelas vivas no teatro da existência."

Augusto Cury

Os erros e imperfeições não apagam nosso brilho. Ser estrela não é ser perfeito, é aceitar que até com rachaduras a luz continua saindo.

PALAVRAS DO DIA

Consciência • Escolhas • Realização

AÇÃO DO DIA

Anote três qualidades suas que continuam brilhando mesmo em dias de erro.

Hoje a principal realização do meu dia será:

7 de outubro

Criando Pontes

"Desenvolva solidariedade, altruísmo, tolerância e capacidade de se colocar no lugar dos outros."

Augusto Cury

Pequenos gestos de cuidado constroem grandes pontes. Para fortalecer seus vínculos, é importante praticar a arte de sentir com o outro.

PALAVRA DO DIA

Empatia

AÇÃO DO DIA

Pense em alguém próximo que poderia receber um gesto de cuidado seu hoje. Escreva qual ação simples você pode realizar para demonstrar solidariedade e fortalecer esse vínculo.

....

....

....

....

Hoje a principal realização do meu dia será: ....

....

....

....

8 de outubro

Ler os Comportamentos

"Alguns são exímios leitores de livros, mas péssimos leitores de comportamentos."

Augusto Cury

Saber interpretar textos é valioso, mas interpretar pessoas é indispensável. Muitos se perdem em teorias e tropeçam nas relações porque não treinam a escuta, a empatia e a percepção do outro.

PALAVRAS DO DIA

Comportamento • Conexão

AÇÃO DO DIA

Hoje, em uma conversa, concentre-se apenas em ouvir e perceber o tom, as pausas e o corpo da pessoa. Anote o que descobriu além das palavras.

Hoje a principal realização do meu dia será:

9 de outubro

Escravo dos Pensamentos

"Seja livre para pensar, mas não se torne escravo dos pensamentos."

Augusto Cury

Quando a mente não filtra, o pensamento vira prisão. Use os pensamentos como ferramentas, não como correntes. Eles devem servir a você, não o contrário.

PALAVRAS DO DIA

Consciência • Domínio interior

AÇÃO DO DIA

Dedique 2 minutos a observar os pensamentos passarem sem se prender a nenhum. Depois escreva como se sentiu.

Hoje a principal realização do meu dia será:

10 de outubro

Viver é Navegar

"Quem espera apenas dias tranquilos não está preparado para viver a vida."

Augusto Cury

Todos passamos por turbulências. Aprenda a navegar na tempestade e estará pronto para tudo, não apenas para os dias fáceis.

PALAVRAS DO DIA

Resiliência • Preparo

AÇÃO DO DIA

Escreva uma pequena ação que pode te deixar mais preparado para lidar com imprevistos atuais.

....

....

....

....

Hoje a principal realização do meu dia será: ....

....

....

....

11 de outubro

Chaves Erradas

"Saiba que toda mente é um cofre; não existem mentes impenetráveis, apenas chaves erradas."

Augusto Cury

Toda mente guarda segredos, traumas e riquezas. Com paciência, escuta e empatia, até os cofres mais fechados se abrem.

PALAVRAS DO DIA

Empatia • Escuta atenta

AÇÃO DO DIA

Escolha hoje ouvir alguém sem interromper. Depois, anote o que descobriu de novo sobre essa pessoa.

....

....

....

....

Hoje a principal realização do meu dia será: ....

....

....

....

12 de outubro

Criança Interior

"Todos temos uma criança alegre, curiosa, vivaz dentro de nós, mas poucos a deixam respirar. Envelhecemos no único lugar onde deveríamos ser jovens."

Augusto Cury

A nossa juventude nunca morre, mas alguns a aprisionam no fundo da alma. Deixar sua criança interior respirar é a forma mais bela de nunca envelhecer por completo.

PALAVRAS DO DIA

Alegria • Leveza

AÇÃO DO DIA

Escolha hoje uma atividade simples que sua criança interior adoraria (desenhar, cantar, pular corda) e faça-a sem julgamentos.

Hoje a principal realização do meu dia será:

13 de outubro

Quando o Mundo Desaba

"Mesmo quando o mundo desaba sobre nós é possível crescer, destilar aprendizados e resgatar o sentido da vida."

Augusto Cury

As quedas mais duras não anulam nossa capacidade de florescer. Pelo contrário: é no chão que aprendemos a criar raízes profundas e a transformar dor em força.

PALAVRAS DO DIA

Resiliência • Superação • Aprendizado

AÇÃO DO DIA

Reflita sobre uma dificuldade atual e escreva como ela pode se tornar treino para algo maior.

Hoje a principal realização do meu dia será:

14 de outubro

Amigo ou Inimigo?

"Dependendo de como lidamos com o tempo, ele será um grande amigo ou um grande inimigo."

Augusto Cury

O tempo pode curar feridas, amadurecer sonhos e abrir caminhos, ou pode virar peso, quando só adiamos e desperdiçamos. O relógio não para, mas a escolha de como caminhar com ele é sua.

PALAVRAS DO DIA

Escolhas • Estratégia

AÇÃO DO DIA

Anote três formas como você gastou seu tempo hoje.
Pergunte: foram investimentos ou desperdícios?

....

....

....

....

Hoje a principal realização do meu dia será: ....

....

....

....

15 de outubro

Indiferença

"O maior perigo que corremos é ficarmos indiferentes à dor dos outros."

Augusto Cury

A indiferença é mais perigosa que a crueldade, porque mata em silêncio. Quando deixamos de sentir a dor do outro, perdemos também uma parte da nossa humanidade.

PALAVRAS DO DIA

Empatia • Justiça

AÇÃO DO DIA

Hoje, ofereça seu ouvido para alguém que possa estar sofrendo. De que forma ajudar essa pessoa também ajudou seu coração?

Hoje a principal realização do meu dia será:

16 de outubro

Ser Tolerante

"Os fracos são rígidos, os fortes são tolerantes."

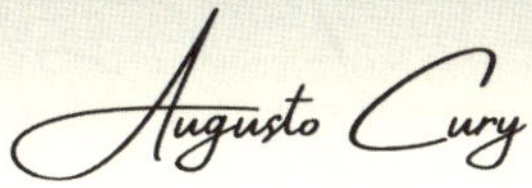

A rigidez é a armadura de quem tem medo. Já a força verdadeira não se arma de orgulho: sabe ceder, compreender, esperar.

PALAVRAS DO DIA

Flexibilidade • Tolerância • Humildade

AÇÃO DO DIA

Pense em uma situação recente em que você foi inflexível. Escreva como poderia ter reagido com tolerância.

....

....

....

....

Hoje a principal realização do meu dia será: ....

....

....

....

....

17 de outubro

Diálogo Inteligente

"O diálogo inteligente e generoso é insubstituível."

Augusto Cury

Discussões rasas gastam energia, mas não mudam nada. Já um diálogo verdadeiro abre caminhos, desfaz mal-entendidos e aproxima pessoas.

PALAVRAS DO DIA

Diálogo • Escuta • Conexão

AÇÃO DO DIA

Em sua próxima interação, ouça até o fim sem interromper.
Depois, escreva o que descobriu de novo.

Hoje a principal realização do meu dia será:

18 de outubro

Inimigos Internos

"Em nossa jornada existencial, devemos entender que os maiores inimigos que sabotam nossa inteligência e nossa qualidade de vida não estão fora, mas dentro de nós."

Augusto Cury

Muitas vezes culpamos o mundo, as circunstâncias ou as pessoas ao redor, mas o medo, a autocrítica, a preguiça e as crenças limitantes são nossos maiores sabotadores.

PALAVRAS DO DIA

Consciência • Autoconhecimento

AÇÃO DO DIA

Liste um pensamento ou hábito que mais sabotam sua qualidade de vida. Reflita sobre uma forma de enfrentá-lo.

....

....

....

Hoje a principal realização do meu dia será: ....

....

....

19 de outubro

Proteger a Mente

"A dor só nos enriquece se não tivermos medo de entrar em contato com nossas fragilidades."

Augusto Cury

O que nos transforma é a coragem de olhar para a dor sem máscaras. Fugir das próprias fragilidades só aumenta o peso; enfrentá-las abre espaço para crescimento.

PALAVRAS DO DIA

Coragem • Crescimento

AÇÃO DO DIA

Escreva uma fragilidade que você evita encarar.
O que ela poderia te ensinar?

Hoje a principal realização do meu dia será:

20 de outubro

Passado e Futuro

"Não gravite em torno dos problemas do passado e do futuro. Tenha uma mente tranquila, lúcida e ponderada."

Augusto Cury

Viver preso ao que já aconteceu ou ao que ainda não veio é energia desperdiçada, pois você nunca se moverá para frente. A mente só encontra clareza quando se ancora no agora.

PALAVRAS DO DIA

Consciência • Atenção plena

AÇÃO DO DIA

Olhe para dentro. Há algum pensamento sobre o passado ou o futuro impedindo você de caminhar? Como você poderia se libertar dele?

Hoje a principal realização do meu dia será:

21 de outubro

O Poder da Crença

"Tudo aquilo em que acreditamos nos controla."

Augusto Cury

Se acreditar em limitações, viverá limitado; se acreditar em possibilidades, encontrará caminhos. Por isso, escolha bem: a fé que você cultiva será a voz que comanda seus passos.

PALAVRAS DO DIA

Escolhas • Autocontrole

AÇÃO DO DIA

Escolha uma crença limitante e substitua por uma afirmação positiva que a contradiga.

....

....

....

....

Hoje a principal realização do meu dia será: ....

....

....

....

....

22 de outubro

Paz ou Passividade?

"Um Eu pacífico é conciliador e doador, mas um Eu passivo é submisso às suas mazelas mentais."

Augusto Cury

Um Eu pacífico constrói pontes, um Eu passivo se rende às próprias feridas. Esteja sempre aberto ao diáogo, mas não ignore seus próprios valores apenas para agradar.

PALAVRAS DO DIA

Consciência • Valores • Autonomia

AÇÃO DO DIA

Relembre uma situação em que você foi pacífico e outra em que foi passivo. Como se sentiu em cada uma delas?

Hoje a principal realização do meu dia será:

23 de outubro

Dinheiro

"O dinheiro em si não traz felicidade, mas a sua falta pode tirá-la."

Augusto Cury

O dinheiro garante o mínimo para respirar em paz: segurança, saúde, dignidade. Não busque nele a felicidade, mas, sem uma base material estável, ela tem dificuldade de florescer.

PALAVRAS DO DIA

Segurança • Estabilidade

AÇÃO DO DIA

Liste três coisas simples que o dinheiro já te proporcionou e que sustentam sua paz diária.

Hoje a principal realização do meu dia será:

24 de outubro

Voar

"Quem quer desfrutar do néctar das mais belas flores tem de superar o medo das alturas e voar para ares nunca respirados."

Augusto Cury

O medo protege, mas também limita. Só quem o enfrenta descobre novos horizontes de beleza e realização.

PALAVRAS DO DIA

Coragem • Superação

AÇÃO DO DIA

Qual é o próximo passo que você pode dar em direção a um sonho? Quais são os receios te impedindo de segui-lo?

Hoje a principal realização do meu dia será:

25 de outubro

Silêncio e Descanso

"A mente precisa de silêncio assim como o corpo precisa de descanso."

Augusto Cury

O excesso de estímulos nos rouba a clareza. O silêncio é alimento: ele organiza os pensamentos, acalma o coração e abre espaço para novas ideias.

PALAVRAS DO DIA

Clareza • Reflexão • Paz interior

AÇÃO DO DIA

Observe seus pensamentos por 3 minutos em silêncio. Anote como se sentiu quando finalmente permitiu que sua mente descansasse.

Hoje a principal realização do meu dia será:

26 de outubro

Autoestima

"A autoestima é uma característica fundamental para se ter uma mente brilhante, um emocional saudável e relações inteligentes e sustentáveis."

Augusto Cury

Quando você valoriza a si mesmo, a mente se abre para criar,
o coração se expande e os relacionamentos ganham equilíbrio.
A autoestima, por si só, não é vaidade; ela é a base que sustenta tudo.

PALAVRAS DO DIA

Consciência • Valor • Amor-próprio

AÇÃO DO DIA

Liste três qualidades suas que fortalecem sua vida e relações.

Hoje a principal realização do meu dia será:

27 de outubro

PROJETOS DE VIDA

"Desejos são intenções superficiais,
sonhos são projetos de vida."

Augusto Cury

O desejo é rápido, nasce e morre com a mesma intensidade.
Já o sonho tem raízes: exige paciência, disciplina e fé no caminho.
Desejos distraem, mas os sonhos constroem uma vida com sentido.

PALAVRAS DO DIA

PROPÓSITO • PERSISTÊNCIA

AÇÃO DO DIA

Escolha um dos seus sonhos e anote hoje um passo pequeno para avançar nele.

Hoje a principal realização do meu dia será:

28 de outubro

Inteligência Socioemocional

"Se crianças e jovens aprendessem desde cedo as ferramentas para desenvolver a inteligência socioemocional, a humanidade seria outra."

Augusto Cury

O ensino da inteligência socioemocional é a base para transformar gerações inteiras. Saber lidar com frustrações, comunicar sentimentos e cultivar empatia pode diminuir conflitos e aprofundar vínculos.

PALAVRAS DO DIA

Gestão da emoção • Empatia

AÇÃO DO DIA

Relembre algo que você gostaria de ter aprendido sobre emoções quando criança. Como isso teria mudado sua vida?

....

....

....

Hoje a principal realização do meu dia será: ....

....

....

....

29 de outubro

Prisão Dupla

*"O ódio coloca na mesma prisão
a pessoa que odeia e a pessoa odiada."*

Augusto Cury

Quando alimentamos o rancor, damos ao outro poder sobre nossa paz. Libertar-se não é absolver injustiças, mas recusar viver algemado ao que machuca.

PALAVRAS DO DIA

Perdão • Superação • Paz de espírito

AÇÃO DO DIA

Você ainda guarda rancor por alguém que feriu seus sentimentos? Como pode se libertar desse sentimento?

Hoje a principal realização do meu dia será:

30 de outubro

Amor Genuíno

"Ser feliz é dizer 'eu te amo' sem esperar recompensas."

Augusto Cury

O amor genuíno não faz contas. Ele se expressa pelo simples prazer de existir e transbordar no outro. Amar sem exigir nada em troca é liberdade.

PALAVRAS DO DIA

Conexão • Entrega

AÇÃO DO DIA

Qual foi a última vez que você disse ou mostrou amor sem esperar retorno?

....

....

....

....

Hoje a principal realização do meu dia será: ....

....

....

....

31 de outubro

O Segredo da Sorte

"Sorte é a mistura de disciplina e ousadia."

Augusto Cury

Quando a disciplina constrói o caminho e a ousadia abre portas inesperadas, você cria oportunidades onde outros só veem destino.

PALAVRAS DO DIA

Coragem • Constância • Criatividade

AÇÃO DO DIA

Relembre uma situação em que disciplina e ousadia se encontraram em sua vida. O que nasceu desse encontro?

Hoje a principal realização do meu dia será:

NOVEMBRO

* * *

1º de novembro

Tesouro Inestimável

"A brevidade da vida nos convida a valorizá-la como um tesouro inestimável."

Augusto Cury

A existência é curta demais para ser desperdiçada com distrações vazias. Viva com intenção e ame intensamente. Aprecie as pessoas enquanto elas ainda estão aqui.

PALAVRAS DO DIA

Gratidão • Apreciação

AÇÃO DO DIA

Como você pode mostrar, hoje, sua apreciação a uma pessoa que ama?

Hoje a principal realização do meu dia será:

2 de novembro

Honrar quem se Foi

"Saudades não se resolvem, mas o desespero deve ser contido, pois não honra aquele que partiu."

Augusto Cury

A saudade não pede solução, apenas espaço no coração.
Honrar alguém que se foi é deixar que a dor se transforme
em carinho silencioso e em vida bem vivida.

PALAVRAS DO DIA

Amor • Serenidade

AÇÃO DO DIA

Escreva uma lembrança boa de quem partiu e guarde-a como âncora contra o desespero.

....

....

....

....

Hoje a principal realização do meu dia será: ....

....

....

....

3 de novembro
Diretor

"Diariamente o Eu deve escolher sair da condição de espectador passivo de suas mazelas e misérias para ser diretor do roteiro da sua história."

Augusto Cury

Quando ficamos parados, nossas dores escrevem o enredo sozinhas. Treine seu interior para sempre assumir a direção da sua vida, guiando-a conforme seus planos.

PALAVRAS DO DIA

Autocontrole • Autonomia

AÇÃO DO DIA

Escreva uma área da sua vida em que você tem sido espectador. Como poderia agir para assumir a direção?

Hoje a principal realização do meu dia será:

4 de novembro

Realizar Sonhos

"Os sonhos precisam de persistência e coragem para serem realizados."

Augusto Cury

Sustentar o sonho exige fôlego. Sem persistência, ele se apaga; sem coragem, ele nunca sai do papel. Insista, ouse, e verá a concretização.

PALAVRAS DO DIA

Perseverança • Ousadia

AÇÃO DO DIA

Liste um sonho que você tem. Escreva qual passo depende mais de coragem e qual depende mais de persistência.

Hoje a principal realização do meu dia será:

5 de novembro

A Maturidade da Segurança

"Uma pessoa que defende suas ideias com segurança é madura, mas quem a defende obsessivamente é imatura. Seus inumeráveis argumentos revelam sua insegurança."

Augusto Cury

Quem precisa repetir mil vezes o mesmo ponto não mostra força, mas medo de ser invalidado e inflexibilidade em admitir possíveis equívocos.

PALAVRAS DO DIA

Maturidade • Autoconfiança

AÇÃO DO DIA

Lembre-se de uma discussão em que você defendeu uma ideia. Foi segurança ou insegurança que guiou sua postura?

....

....

....

Hoje a principal realização do meu dia será: ....

....

....

....

6 de novembro

Pequenas Coisas, Grandes Emoções

"Ser feliz é sentir o sabor da água, a brisa no rosto, o cheiro da terra molhada. É extrair das pequenas coisas grandes emoções."

Augusto Cury

Quem aprende a valorizar o simples é uma pessoa rica por dentro. É nas pequenas coisas que mora a felicidade genuína.

PALAVRAS DO DIA

Leveza • Encanto

AÇÃO DO DIA

Escolha hoje um momento comum e saboreie-o como se fosse único. Como se sentiu ao escolher apreciar o simples?

Hoje a principal realização do meu dia será:

7 de novembro

Cárcere Mental

"O conformismo é um cárcere mental para o Eu."

Augusto Cury

A aceitação passiva não leva à paz interior. Pelo contrário.
O conformismo acorrenta o Eu, impedindo-o de sonhar e de agir.
Não aceite viver em celas invisíveis.

PALAVRAS DO DIA

Autonomia • Agência

AÇÃO DO DIA

Reflita sobre uma área da sua vida em que você tem se conformado.
O que pode fazer hoje para escapar desse padrão?

Hoje a principal realização do meu dia será:

8 de novembro

O Tamanho do Universo

"O universo tem o tamanho do seu mundo.
O seu mundo tem o tamanho dos seus sonhos."

Augusto Cury

O limite do universo não é o céu, é a sua imaginação.
Quanto maiores os sonhos, mais vasto se torna o horizonte.

PALAVRAS DO DIA

Ousadia • Coragem • Imaginação

AÇÃO DO DIA

Pense em um sonho que você tem. Como você poderia expandi-lo ainda mais?

....

....

....

....

Hoje a principal realização do meu dia será: ....

....

....

....

9 de novembro

Conhecer a si mesmo

*"Não tenha medo de ser quem você é.
Tenha medo de não conhecer a si mesmo."*

Augusto Cury

O perigo que você pode correr é viver como estranho de si mesmo, pois quem não se conhece anda perdido. Tenha coragem de mergulhar no seu interior para assim exercer sua autenticidade.

PALAVRA DO DIA

Autoconhecimento

AÇÃO DO DIA

Escreva três qualidades suas e três características que precisa melhorar.

....

....

....

....

Hoje a principal realização do meu dia será: ....

....

....

....

10 de novembro

Oásis

"Ninguém é digno de seu oásis se não aprender a atravessar seus desertos."

Augusto Cury

Os desertos da vida testam a paciência, a fé e a resistência. É no calor das dificuldades que se aprende o valor da sombra, da água e do descanso.

PALAVRAS DO DIA

Perseverança • Resiliência

AÇÃO DO DIA

Você está passando por um deserto ou um oásis?
O que aprendeu sobre sua trajetória até aqui?

Hoje a principal realização do meu dia será:

11 de novembro

Pedras

"Os problemas nunca vão desaparecer, mesmo na mais bela existência."

Augusto Cury

Os problemas fazem parte do caminho, como pedras numa estrada florida. Aprenda a caminhar sobre as pedras e utilize os obstáculos como degraus para crescer.

PALAVRA DO DIA

Resiliência

AÇÃO DO DIA

Reflita sobre um problema que vem incomodando.
O que ele pode ensinar a você?

Hoje a principal realização do meu dia será:

12 de novembro

Um Mundo em Cada um

"Há um mundo a ser descoberto dentro de cada ser humano."

Augusto Cury

Quem olha apenas a superfície enxerga pouco; é mergulhando fundo que se encontram tesouros. Conecte-se com as pessoas profundamente e se surpreenderá com o que existe dentro delas.

PALAVRAS DO DIA

Consciência • Conexão

AÇÃO DO DIA

Converse com uma pessoa com quem você tem pouco contato. Procure escutar atentamente e observar os detalhes. O que você descobriu de novo?

Hoje a principal realização do meu dia será:

13 de novembro

Tolerância Inteligente

"Desenvolver uma tolerância inteligente é a melhor forma de filtrar estímulos estressantes."

Augusto Cury

Quando deixamos de ser reféns da raiva e encaramos o mundo com olhos mais pacientes, devolvemos à nossa emoção o direito de ser terra fértil, não campo de batalha.

PALAVRAS DO DIA

Compreensão • Paciência • Tolerância

AÇÃO DO DIA

Reflita sobre a última vez em que alguém o magoou. Será que a ferida tinha mais a ver com quem você é ou com a dor que a pessoa estava sentindo?

Hoje a principal realização do meu dia será:

14 de novembro

Reconhecer Erros

"O medo de reconhecer erros é, acima de tudo, o medo de se assumir como ser humano imperfeito."

Augusto Cury

O erro faz parte da condição humana. Assumir-se imperfeito é, na verdade, o primeiro passo para crescer com mais leveza e verdade.

PALAVRAS DO DIA

Humildade • Crescimento

AÇÃO DO DIA

Escolha hoje pedir desculpas por algo, mesmo que pequeno, sem explicações ou defesas.

....

....

....

....

Hoje a principal realização do meu dia será: ....

....

....

....

15 de novembro

Liberdade Não Tem Preço

"Não podemos colocar nossa liberdade à venda por preço algum."

Augusto Cury

Quando vendemos nossas escolhas por conveniência, medo ou bens materiais, deixamos de viver como autores da própria história. Não abra mão do bem mais precioso que você tem.

PALAVRAS DO DIA

Autonomia • Livre-arbítrio

AÇÃO DO DIA

Reflita: em que momentos você já sacrificou a liberdade por aprovação, dinheiro ou conforto?

Hoje a principal realização do meu dia será:

16 de novembro

Fortaleza Invisível

"A paciência é a fortaleza invisível que sustenta grandes mudanças."

Augusto Cury

Grandes transformações não acontecem no impulso. Quem aprende a suportar o tempo sem desistir, constrói vitórias mais sólidas e duradouras.

PALAVRAS DO DIA

Resiliência • Perseverança

AÇÃO DO DIA

Pense em algo que você gostaria que acontecesse com mais rapidez. De que forma você pode exercitar sua paciência para tolerar melhor a espera?

....

....

....

Hoje a principal realização do meu dia será: ....

....

....

....

17 de novembro

Autonomia

"A baixa autoestima esmaga a autonomia."

Augusto Cury

Quando você não aprecia o próprio valor, fica dependente da aprovação externa, e isso sufoca a sua liberdade de escolha. Recuperar a autonomia começa por reconstruir o respeito por si mesmo.

PALAVRAS DO DIA

Valor • Amor próprio • Agência

AÇÃO DO DIA

Pense em uma situação recente em que você esperou aprovação alheia quando poderia ter confiado na própria intuição.

Hoje a principal realização do meu dia será:

18 de novembro

Gerenciar o Medo

"Ser ousado não é ter falta de medo, mas gerenciá-lo."

Augusto Cury

O medo existe para alertar, não para paralisar.
Ser ousado é escutá-lo, aprender com ele e ainda assim avançar.

PALAVRAS DO DIA

Coragem • Gestão da emoção

AÇÃO DO DIA

Liste um medo que já o impediu de agir.
Como você poderia gerenciá-lo?

Hoje a principal realização do meu dia será:

19 de novembro

Questão de Escolha

*"O destino é uma questão de escolha.
Quem toma decisões, escreve sua própria história
e constrói seus próprios caminhos."*

Augusto Cury

O futuro se revela em cada decisão que tomamos.
Fazer escolhas é assumir as rédeas da vida, transformando possibilidades em caminhos reais.

PALAVRAS DO DIA

Escolhas • Autoria

AÇÃO DO DIA

Reflita sobre uma decisão que mudou sua vida.
O que ela revela sobre o seu destino?

Hoje a principal realização do meu dia será:

20 de novembro

Pequenas Pedras

"Não tropeçamos nas grandes montanhas, mas nas pequenas pedras."

Augusto Cury

Os grandes obstáculos assustam, mas são os pequenos descuidos que mais nos derrubam. Atente aos detalhes para evitar tropeços que poderiam ser prevenidos.

PALAVRAS DO DIA

Atenção • Consciência • Cuidado

AÇÃO DO DIA

Quais distrações têm atrapalhado sua vida mais do que grandes problemas?

Hoje a principal realização do meu dia será:

21 de novembro

Humildade

"A grandeza de um ser humano não está no quanto ele sabe, mas no quanto ele tem consciência do que não sabe."

Augusto Cury

Não é o acúmulo de saber que engrandece, mas a consciência das próprias lacunas. A humildade abre portas que o orgulho fecha.

PALAVRAS DO DIA

Humildade • Consciência

AÇÃO DO DIA

Escolha uma área da vida em que você reconhece ignorância.
Como poderia começar a aprender nela?

Hoje a principal realização do meu dia será:

22 de novembro

RAIOS DE SOL

"A vida é tão breve como os raios de sol, que surgem sorrateiramente na mais bela manhã e se despedem sutilmente ao anoitecer, sem deixar vestígios."

Augusto Cury

A brevidade da vida não deve nos entristecer, mas nos lembrar de viver cada momento com plenitude. Brilhe enquanto há tempo, mesmo sabendo que a noite virá.

PALAVRAS DO DIA

PRESENÇA • GRATIDÃO

AÇÃO DO DIA

Anote um momento recente em que a vida brilhou em detalhes simples.

Hoje a principal realização do meu dia será:

23 de novembro

Piloto Automático

"Toda mudança começa no instante em que você decide não viver no piloto automático."

Augusto Cury

O piloto automático mantém o corpo em movimento, mas deixa a alma adormecida. Desperte para suas escolhas e decida conduzir a própria história.

PALAVRAS DO DIA

Autonomia • Transformação

AÇÃO DO DIA

Liste três hábitos que você faz no automático. Qual deles poderia ser feito hoje com mais consciência?

Hoje a principal realização do meu dia será:

24 de novembro

Sair da Plateia

"A maior tarefa de um ser humano é ser líder de si mesmo, e a maior tarefa de um líder é sair da plateia, entrar no palco da sua mente e se tornar autor da própria história."

Augusto Cury

A verdadeira liderança começa dentro de nós.
Quando você tem coragem de administrar seus pensamentos e emoções, o roteiro da vida está nas suas mãos.

PALAVRAS DO DIA

Consciência • Protagonismo • Gestão da emoção

AÇÃO DO DIA

Reflita sobre uma área da sua vida em que você ainda age como espectador. Como pode fazer para "entrar no palco"?

....

....

....

Hoje a principal realização do meu dia será: ....

....

....

25 de novembro

A Maior Viagem

"A maior viagem que alguém pode empreender é para dentro de si mesmo."

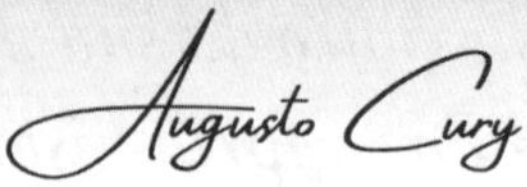

A viagem mais longa não se mede em quilômetros. É o mergulho para dentro de si, onde repousam perguntas e respostas.

PALAVRA DO DIA

Autoconhecimento

AÇÃO DO DIA

Escreva alguns aspectos de si mesmo para os quais você evita olhar. Como seria começar a explorá-los?

....

....

....

....

Hoje a principal realização do meu dia será: ....

....

....

....

26 de novembro

Crítica ou Preconceito?

"A crítica fere uma pessoa, o preconceito a anula."

Augusto Cury

A crítica pode doer, mas ainda deixa espaço para resposta e transformação. Já o preconceito não abre diálogo: ele cala, reduz e apaga a humanidade do outro.

PALAVRAS DO DIA

Dignidade • Justiça

AÇÃO DO DIA

Reflita: qual crítica já o feriu, mas o fez crescer? E qual preconceito tentou silenciá-lo?

Hoje a principal realização do meu dia será:

27 de novembro

Espelho da Alma

"Sábio é o ser humano que tem coragem de ir diante do espelho da alma para reconhecer seus erros e fracassos e utilizá-los para plantar as mais belas sementes no terreno da sua inteligência."

Augusto Cury

O sábio não nega seus erros: ele os transforma em sementes, capazes de florescer em aprendizado e lucidez. Assim, até as falhas se tornam fonte de sabedoria.

PALAVRAS DO DIA

Humildade • Autoconhecimento

AÇÃO DO DIA

Pense em um erro ou fracasso recente e anote qual semente de aprendizado ele pode gerar.

Hoje a principal realização do meu dia será:

28 de novembro

Mundo de Oportunidades

"Quem olha para baixo vê o mundo do tamanho dos seus passos. Quem olha para o alto vê um mundo de oportunidades para ser explorado."

Augusto Cury

A direção do olhar define a dimensão da vida, pois quem vive preso ao chão só enxerga limites. Levante a cabeça e verá horizontes, caminhos e possibilidades que estavam ocultos.

PALAVRAS DO DIA

Perspectiva • Ambição • Sonhos

AÇÃO DO DIA

Reflita sobre um problema atual. Escreva como ele parece quando você só vê os obstáculos e como muda quando busca oportunidades.

Hoje a principal realização do meu dia será:

29 de novembro

Questionamento

"Duvide do controle que a miséria,
a ansiedade, o egoísmo, a intolerância
e a irritabilidade exercem sobre você."

Augusto Cury

As maiores prisões não têm grades: são as emoções e os impulsos que tomam conta quando você acredita que não pode controlá-los. A dúvida, nesses casos, é força. Quem duvida do que o aprisiona começa a se libertar.

PALAVRAS DO DIA

Consciência • Questionamento

AÇÃO DO DIA

Escreva quais sentimentos ou impulsos mais controlam você. Como você pode começar a se libertar deles?

Hoje a principal realização do meu dia será:

30 de novembro

O Verdadeiro Valor

"Um ladrão rouba um tesouro, mas não furta a inteligência. Uma crise destrói uma herança, mas não uma profissão."

Augusto Cury

Ninguém pode tomar aquilo que você aprende e constrói dentro de si. Conhecimento e habilidade resistem a crises, atravessam gerações e sempre podem gerar novos começos.

PALAVRAS DO DIA

Conhecimento • Força interior

AÇÃO DO DIA

Pense em um recurso interno (habilidade, conhecimento, talento) que pode sustentá-lo mesmo em tempos difíceis.

Hoje a principal realização do meu dia será:

DEZEMBRO

* * *

1º de dezembro

Os Maiores Sabotadores

"Os maiores sabotadores de uma mente saudável somos nós mesmos."

Augusto Cury

Muitas vezes culpamos o mundo pelo nosso caos interior. Mas nossos pensamentos e emoções desgovernados são os verdadeiros vilões. A verdadeira batalha começa dentro de nós.

PALAVRAS DO DIA

Autoconhecimento • Gestão da emoção

AÇÃO DO DIA

Reflita sobre a última vez em que você foi seu próprio sabotador. Como pode organizar seus pensamentos e emoções para evitar que se repita?

....

....

....

Hoje a principal realização do meu dia será: ....

....

....

....

2 de dezembro

Ousar

"Você vai falhar 100% das vezes em que não tentar, vai perder 100% das vezes em que não procurar, vai estacionar 100% das vezes em que não ousar caminhar."

Augusto Cury

Quando você não se coloca no jogo, já perdeu. Cada passo arriscado abre a possibilidade de acertos, descobertas e vitórias.

PALAVRAS DO DIA

Coragem • Ousadia

AÇÃO DO DIA

Há alguma coisa que você está evitando fazer por medo de se arriscar? Qual pode ser o primeiro passo?

Hoje a principal realização do meu dia será:

3 de dezembro

Seres Humanos

"Somos todos seres humanos, pertencentes a uma única e fascinante espécie."

Augusto Cury

Apesar das diferenças, somos, em essência, iguais. Nossa diversidade é fascinante, mas, quando enxergamos a humanidade como laço comum, a solidão diminui e o pertencimento floresce.

PALAVRAS DO DIA

Semelhanças • Empatia • Conexão

AÇÃO DO DIA

Reflita sobre as pessoas ao seu redor.
O que há de comum entre você e elas?

Hoje a principal realização do meu dia será:

4 de dezembro

Espelho

"Tudo que falamos do outro é um espelho do que somos e não do que realmente eles são."

Augusto Cury

Nossas palavras revelam nosso interior, ainda que estejamos julgando o outro. Observar o que se fala é abrir a janela para a sua própria alma.

PALAVRAS DO DIA

Autoconhecimento • Reflexo • Projeção

AÇÃO DO DIA

Pense sobre um julgamento que você fez de outra pessoa.
O que esses pensamentos estão refletindo dentro de você?

Hoje a principal realização do meu dia será:

5 de dezembro

Decepção Afetiva

"Uma decepção afetiva pode gerar intensa insegurança."

Augusto Cury

A dor profunda de uma rejeição ou perda pode abalar nosso senso de valor. Mas lembre-se: você importante para o mundo pelo simples fato de estar vivo.

PALAVRAS DO DIA

Amor-próprio • Autoconfiança

AÇÃO DO DIA

Anote cinco qualidades que admira em você. Lembre-se delas sempre que sofrer um abalo em sua confiança.

....

....

....

....

Hoje a principal realização do meu dia será: ....

....

....

....

6 de dezembro

Barco Sem Leme

"Se você não administrar sua emoção, será um barco sem leme, dirigido por elogios, aceitações, críticas e frustrações."

Augusto Cury

Sem gestão da emoção, somos arrastados a esmo pelo que vem de fora, e é impossível chegar aonde queremos. Somente ao tomar o controle voltamos a navegar na direção escolhida.

PALAVRAS DO DIA

Gestão da emoção • Autocontrole • Autonomia

AÇÃO DO DIA

Quais emoções geralmente dominam as suas ações? De que forma você pode se apropriar do controle delas?

....

....

....

Hoje a principal realização do meu dia será: ....

....

....

....

7 de dezembro

Lições Valiosas

"A sabedoria não está em não falhar ou não sofrer, mas em usar nossas falhas para amadurecer e nosso sofrimento para compreender a dor dos outros."

Augusto Cury

Todos falhamos e sofremos. Ser sábio é aproveitar as circunstâncias ruins para aprender lições valiosas.

PALAVRAS DO DIA

Resiliência • Superação

AÇÃO DO DIA

Pense na última vez em que você falhou ou sofreu. O que aprendeu com isso? Como confortaria ou ensinaria alguém que está passando pelo mesmo?

....

....

....

Hoje a principal realização do meu dia será: ....

....

....

....

8 de dezembro

Quando o Dinheiro nos Possui

"O problema não é possuirmos dinheiro.
O problema é quando o dinheiro nos possui."

Augusto Cury

Quando permitimos que o dinheiro tenha poder sobre a nossa vida, perdemos nossa própria essência. Nunca abra mão dos seus valores, pois eles são mais preciosos do que qualquer tesouro.

PALAVRAS DO DIA

Valores • Autonomia

AÇÃO DO DIA

Existe alguma área na sua vida em que o dinheiro, ou a promessa de dinheiro, está controlando as suas ações? Como você pode assumir de volta o controle?

Hoje a principal realização do meu dia será:

9 de dezembro

Paixão

"Seja profundamente apaixonado pela vida."

Augusto Cury

Viver é espetáculo irrepetível, portanto recuse a apatia e procure enxergar beleza até no que parece comum. O palco é único, e não haverá ensaio.

PALAVRAS DO DIA

Encanto • Presença

AÇÃO DO DIA

Anote três aspectos pequenos e simples que você aprecia na vida e que fazem você ter vontade de continuar explorando o mundo.

Hoje a principal realização do meu dia será:

10 de dezembro

Endeusamento

"Formamos nossa personalidade em uma sociedade superficial que esconde nossa humanidade e supervaloriza nosso endeusamento."

Augusto Cury

Vivemos em uma sociedade que prefere máscaras a rostos humanos, mas todos carregamos falhas, fraquezas e incoerências. Não precisamos de perfeição para brilhar; precisamos de coragem para sermos humanos.

PALAVRAS DO DIA

Autenticidade • Coragem

AÇÃO DO DIA

Cite um defeito seu que você esconde do olhar público, mas que mostra que você é plenamente humano. Apenas o encarando, você conseguirá superá-lo.

Hoje a principal realização do meu dia será:

11 de dezembro

Contemplar o Belo

"Quem não treinar sua emoção para contemplar o belo viverá uma vida miserável."

Augusto Cury

Se permitir que os sentimentos ruins tomem conta, não conseguirá apreciar a beleza do mundo, e a vida ficará pesada. Cultive pensamentos bons e aprenda a administrar as próprias emoções.

PALAVRAS DO DIA

Gestão da emoção • Riqueza interior

AÇÃO DO DIA

Tire dois minutos para observar em silêncio algo ao seu redor. Você notou detalhes que normalmente passariam despercebidos?

Hoje a principal realização do meu dia será:

12 de dezembro

Novas Chances

"Apostar no outro, perdoar continuamente, dar sempre uma nova chance é fundamental para superar frustrações e criar novos vínculos."

Augusto Cury

Dar novas chances e acreditar no potencial de melhora do outro não nos diminui. Pelo contrário: ao romper o ciclo da amargura, você fica ainda mais forte.

PALAVRAS DO DIA

Renovação • Vínculo

AÇÃO DO DIA

Relembre uma relação em que o perdão fortaleceu o laço em vez de destruí-lo. O que aprendeu com isso?

Hoje a principal realização do meu dia será:

13 de dezembro

A Pequenez dos Grandes Atos

"É na insignificância que se conquistam os grandes significados. É na pequenez que se realizam os grandes atos."

Augusto Cury

Para transformar o mundo, não é preciso realizar gestos grandiosos. O que parece pequeno aos olhos externos pode ser imenso dentro da vida de alguém.

PALAVRAS DO DIA

Impacto • Simplicidade

AÇÃO DO DIA

Anote uma pequena atitude que alguém tomou com você que teve um grande significado na sua vida.

....

....

....

Hoje a principal realização do meu dia será: ....

....

....

....

14 de dezembro

Amigos de Confiança

"Ninguém precisa de inimigos quando os amigos aplaudem todas as nossas decisões sem as contestar."

Augusto Cury

O afeto genuíno exige coragem para discordar.
Um amigo de confiança nos mostra limites e evita que sejamos sabotados por nossas próprias escolhas.

PALAVRAS DO DIA

Amizade • Crescimento

AÇÃO DO DIA

Pergunte a alguém de confiança: "Você acha que eu poderia estar errando em algo agora?" e escute de verdade.

Hoje a principal realização do meu dia será:

15 de dezembro

O Valor da sua Vida

"Se você crê que sua vida tem valor e que é uma pessoa capaz e inteligente, então sua crença expande sua qualidade de vida."

Augusto Cury

Quando você acredita no próprio valor, abre espaço para escolhas mais conscientes, relacionamentos mais saudáveis e projetos mais ousados.

PALAVRAS DO DIA

Confiança • Autoestima

AÇÃO DO DIA

Pense em uma conquista pessoal. De que forma ela prova a sua capacidade e evidencia o seu potencial?

Hoje a principal realização do meu dia será:

16 de dezembro

Oásis do Silêncio

"Quando somos contrariados, não deveríamos estar debaixo da ditadura da resposta, mas no oásis do silêncio."

Augusto Cury

Responder no calor do momento pode nos aprisionar em palavras que não refletem quem somos. O silêncio antes da reação é espaço onde a emoção se acalma e a razão pode assumir o controle.

PALAVRAS DO DIA

Paciência • Reflexão • Autocontrole

AÇÃO DO DIA

Lembre-se de uma vez em que respondeu no calor da emoção. Como seria se tivesse esperado?

....

....

....

Hoje a principal realização do meu dia será: ....

....

....

....

17 de dezembro

Alicerces Psíquicos

"Quem tem dó de si mesmo constrói seus alicerces psíquicos no vazio."

Augusto Cury

A pena por si mesmo cava buracos dentro de nós e impede nosso crescimento. Trocar o apego à dor pela coragem de agir é essencial para nos fortalecermos tanto física quanto psiquicamente.

PALAVRAS DO DIA

Confiança • Coragem

AÇÃO DO DIA

Escreva um momento em que sentiu pena de si mesmo. Como poderia ter reagido com coragem em vez de paralisia?

Hoje a principal realização do meu dia será:

18 de dezembro

Desenvolvendo a Inteligência

"A aceitação passiva das respostas pode abortar o desenvolvimento da inteligência."

Augusto Cury

Quando você segue passivamente um caminho traçado, pode até chegar ao destino, mas não há crescimento. A inteligência verdadeira floresce quando duvidamos, investigamos e buscamos compreender além da superfície.

PALAVRAS DO DIA

Curiosidade • Aprendizado • Sabedoria

AÇÃO DO DIA

Reflita sobre uma ideia ou afirmação que você aceitou sem questionar. Investigue por conta própria o que há além da superfície.

Hoje a principal realização do meu dia será:

19 de dezembro

ALTERNÂNCIA

"A vida é uma grande aventura durante a qual dias e noites se alternam."

Augusto Cury

As alegrias nos embalam, mas são as dificuldades que nos ensinam a crescer. É no contraste entre dias e noites que a jornada se torna completa. Sem as noites, o brilho dos dias não teria graça.

PALAVRAS DO DIA

EQUILÍBRIO • RESILIÊNCIA

AÇÃO DO DIA

Escreva um momento de escuridão que trouxe também algum aprendizado ou clareza.

....

....

....

....

Hoje a principal realização do meu dia será: ....

....

....

....

20 de dezembro

Redes Sociais

"As redes sociais são apenas um recorte da realidade. A felicidade aparente, débil e superficial, não existe no verdadeiro teatro das emoções."

Augusto Cury

A vida verdadeira acontece fora das telas. O que vemos nas redes sociais são apenas fragmentos polidos, e muitas vezes distorcidos, de uma realidade distante. Lembre-se: curtidas não medem felicidade.

PALAVRAS DO DIA

Autenticidade • Consciência

AÇÃO DO DIA

Pense em uma foto sua que parece feliz, mas escondeu um momento difícil. O que ela não mostrou?

....

....

....

Hoje a principal realização do meu dia será: ....

....

....

....

21 de dezembro

Garra

"Os conformistas transformam fracassos em medo. Os determinados transformam derrotas em garra."

Augusto Cury

Não se paralise diante de uma derrota. Use-a como motivação para ir ainda mais além na próxima tentativa. O fracasso só assusta quem não o transforma em força.

PALAVRAS DO DIA

Coragem • Resiliência

AÇÃO DO DIA

Escolha um fracasso e anote qual aprendizado ele deixou.

....

....

....

....

Hoje a principal realização do meu dia será: ....

....

....

....

22 de dezembro

Limites

"Respeitar seus próprios limites é tão importante quanto desafiar suas próprias barreiras."

Augusto Cury

A vida pede equilíbrio entre ousadia e cuidado. Desafiar barreiras nos faz crescer, mas ignorar limites pode nos esgotar. Respeitar-se é tão essencial quanto se superar.

PALAVRAS DO DIA

Equilíbrio • Autocuidado • Consciência

AÇÃO DO DIA

Anote uma situação em que você se superou e outra em que respeitar seus limites foi essencial.

Hoje a principal realização do meu dia será:

23 de dezembro

Eternos Aprendizes

"Somente quando temos intimidade com a arte das perguntas nos tornamos eternos aprendizes."

Augusto Cury

O conhecimento não floresce nas respostas prontas, mas na coragem de perguntar. Quem cultiva a arte da dúvida mantém a mente viva, aberta e em constante movimento.

PALAVRAS DO DIA

Curiosidade • Questionamento

AÇÃO DO DIA

Escreva uma pergunta que você ainda não se fez sobre sua própria vida.

Hoje a principal realização do meu dia será:

24 de dezembro

A Verdadeira Riqueza

"A verdadeira riqueza está em cultivar relações saudáveis e um coração em paz."

Augusto Cury

Relações saudáveis e um coração em paz sustentam a vida mesmo quando tudo ao redor parece instável. Essa é a riqueza que não se perde, não se rouba e não se mede em cifras.

PALAVRAS DO DIA

Gratidão • Paz interior • Conexão

AÇÃO DO DIA

Liste três pessoas que tornam sua vida mais leve e o que você poderia fazer para nutrir esses vínculos.

Hoje a principal realização do meu dia será:

25 de dezembro

Natal

"Viva segundo Jesus Cristo: nunca alguém tão grande se fez tão pequeno para tornar os pequenos grandes."

Augusto Cury

Jesus mostrou que a verdadeira força está em se fazer pequeno, próximo e acessível, para erguer aqueles que se sentem invisíveis. É na humildade que reside a essência do Natal.

PALAVRAS DO DIA

Humildade • Consciência • Amor

AÇÃO DO DIA

Em que momentos você poderia escolher ser menor para fazer alguém se sentir maior?

Hoje a principal realização do meu dia será:

26 de dezembro

A Pressa é Inimiga

"A pressa é inimiga da sabedoria;
respire, observe, e as respostas virão."

Augusto Cury

Ao agirmos com afobação, tomamos decisões rasas. Muitas vezes, o que buscamos já está diante de nós, mas só aparece quando silenciamos a ansiedade.

PALAVRAS DO DIA

Paciência • Clareza

AÇÃO DO DIA

Anote uma decisão recente tomada no impulso. O que teria mudado se você tivesse esperado?

Hoje a principal realização do meu dia será:

27 de dezembro

Treinando a Mente

*"Treinar a mente é como treinar um músculo:
um exercício constante."*

Augusto Cury

Assim como o corpo enfraquece sem movimento, a mente perde força quando não é exercitada. Ler, refletir, questionar e aprender são treinos que mantêm o pensamento ágil e criativo.

PALAVRAS DO DIA

Disciplina • Aprendizado • Sabedoria

AÇÃO DO DIA

Liste três práticas que você já faz para treinar sua mente e uma nova que poderia incluir no dia a dia.

....

....

....

....

Hoje a principal realização do meu dia será: ....

....

....

....

28 de dezembro

Inteligência Emocional

"A verdadeira inteligência emocional se revela não nos dias de calmaria, mas nas tempestades que escolhemos atravessar com serenidade."

Augusto Cury

É nos dias de caos, quando a vida sacode nossas certezas, que a inteligência emocional se manifesta. Manter serenidade mesmo em meio à tempestade revela que temos poder sobre as circunstâncias.

PALAVRAS DO DIA

Gestão da emoção • Resiliência • Serenidade

AÇÃO DO DIA

Lembre-se de um momento de crise que você atravessou.
O que descobriu sobre sua força emocional?

Hoje a principal realização do meu dia será:

29 de dezembro

O Filme da sua Vida

"Você não pode apagar o filme da sua vida, mas pode reeditá-lo."

Augusto Cury

O passado não pode ser apagado, mas pode ser ressignificado. Reviver lembranças com novo olhar transforma feridas em capítulos de crescimento.

PALAVRAS DO DIA

Autoria • Aprendizado

AÇÃO DO DIA

Escolha um arrependimento que sentiu esse ano e reflita sobre o que aprendeu com ele.

....

....

....

....

Hoje a principal realização do meu dia será: ....

....

....

....

30 de dezembro

Gratidão

"A gratidão estabiliza a emoção, dá profundidade à existência e torna as relações humanas saudáveis."

Augusto Cury

Quando agradecemos, a ansiedade se aquieta e a vida ganha mais sentido. Esse olhar amplia a percepção do que já temos de valioso. A gratidão é o solo onde a vida floresce.

PALAVRAS DO DIA

Gratidão • Reconhecimento • Serenidade

AÇÃO DO DIA

Escreva três coisas pelas quais você é grato este ano, mesmo que sejam simples.

Hoje a principal realização do meu dia será:

31 de dezembro

A Festa do Agora

"A felicidade não se encontra no amanhã, mas na forma como escolhemos viver o hoje."

Augusto Cury

O último dia do ano nos lembra que a felicidade não está à espera no calendário. Ela se revela nas escolhas que fazemos hoje: brindar às pessoas que amamos, agradecer pelo que ficou e abrir o coração para o que virá.

PALAVRAS DO DIA

Presença • Celebração

AÇÃO DO DIA

Em vez de esperar as grandes promessas, escolha uma atitude simples para viver melhor já no primeiro dia do próximo ano.

Hoje a principal realização do meu dia será:

MENSAGEM FINAL

Obrigado pela honra de viver este ano ao seu lado!

Que os próximos 365 dias sejam de realizações, saúde física e mental. Força e coragem para que sua vida seja extraordinária, repleta de sabedoria!

Augusto Cury

CARTA DE GRATIDÃO PELO ANO QUE SE ENCERRA

Escreva uma carta para o seu eu que iniciou este ano. Relembre e reconheça suas conquistas, desafios, frustrações e superações. Elogie seu crescimento. Pense em quem esteve ao seu lado nessa jornada. Essa é uma carta de gratidão pela vida e pelos aprendizados do ano que passou.

CARTA DE DESEJOS E INTENÇÕES

Você teve uma jornada excepcional este ano. Agora, no apagar de suas luzes, despontam no horizonte 365 novas oportunidades para uma vida feliz e completa. O que você realizará no novo ano? Quais conquistas deseja comemorar daqui a 365 dias? Registre aqui e volte a essa página sempre que tempestades tentarem desviar você de seus desejos e intenções. Esteja no controle de sua mente e seja o diretor do filme da sua vida!

OUTROS LIVROS DO AUTOR

Ansiedade: como enfrentar o mal do século

Gestão da emoção

Ansiedade: autocontrole

Ansiedade digital: como enfrentar o mal do milênio

Ansiedade: ciúme

1 2 3 4 5 6 7 8 9 10
2025